ШКОЛЬНЫЕ ГОДЫ ОТ ДОКТОРА СПОКА

БЕНДЖАМИН СПОК

ПОПУРРИ

Минск 2008

УДК 37
ББК 74.2
С73

Перевел с английского *Ю. И. Герасимчик* по изданию:
DR. SPOCK'S THE SCHOOL YEARS
(The Emotional and Social
Development of Children) dy Benjamin Spock, M. D.
(Edited by Martin T. Stein, M. D.)
На русском языке публикуется впервые.

СПОК, Б.

С73 Школьные годы от доктора Спока / Б. Спок ; пер. с англ. Ю. И. Герасимчик. — Минск : «Попурри», 2008.— 272 с.

ISBN 978-985-15-0177-5.

В книге впервые собраны лучшие главы из разных работ доктора Спока, которые научат вас правильно общаться с уже подросшим малышом, позволят лучше понять ребенка школьного возраста и помочь ему адаптироваться во взрослом мире.

Для широкого круга читателей.

УДК 37
ББК 74.2

ISBN 0-7434-1123-4 (англ.)
ISBN 978-985-15-0177-5 (рус.)

Эта книга посвящается:

Матерям и отцам, благодаря которым доктор Спок узнал много нового о росте и эмоциональном развитии детей.

Доктору Бенджамину Споку, который на протяжении последнего года своей замечательной жизни рассказывал мне об эволюции своих взглядов на развитие детей.

Мэри Морган, вдове доктора Спока, позаботившейся о сохранении его наследия во имя блага будущих поколений детей и родителей.

Моим родителям, Гертруде и Геральду Стайн, которые направляли жизнь своих детей, всегда относились с уважением к их независимости и никогда не забывали напоминание доктора Спока о том, что «нужно верить в себя... вы знаете больше, чем вы думаете».

И моей жене Мэри Кэффри, а также моим детям Джошуа, Бенджамину и Саре, благодаря которым я постоянно узнаю новое о развитии детей и подростков.

БЛАГОДАРНОСТЬ

В составление этой книги внесли свой вклад многие люди. Я благодарен врачам-педиатрам, которые сформировали мои представления о детях, семье и практике педиатрии. Среди них — доктора Джон Кастильон, Луис Фрад, Вильям Найэн, Сэмюэль Спектор, Стэнфорд Фридман, Джон Кэннел и Берри Бразельтон. Особую благодарность я хочу выразить своей коллеге, доктору Сюзанне Диксон, с которой рука об руку на протяжении двадцати лет я работал в Калифорнийском университете.

Со мной также работали многие другие доктора, которые специализируются на развивающей и поведенческой педиатрии. Они учат педиатров оказывать реальную помощь родителям, равно как и своевременно обнаруживать особенности в поведении и развитии детей и правильно вести себя с ними. Это Майкл Райф, Хейди Фельдман, Эллен Перрин, Пол Дворкин, Вильям Коулмэн, Лэйн Тэннер, Джим Перрин Марк Вольрайх, Эстер Вендер, Вильям Кэри, Рональд Барр, Рэнди Хагерман, Барбара Ховард, Роберт Нидлман и Дэвид Шнайдер. Мои коллеги из Сан-Диего — Филип Нэйдер, Лорель Лесли, Барбара Лаундсбэри, Дороти Джонсон, Эйла Боас и Говард Тэрас — продолжают эту работу.

Я также хочу высказать искреннюю благодарность Роберту Лесчеру, литературному агенту доктора Спока, работавшему с ним на протяжении многих лет. Он вдохновлял меня и руководил публикацией этой книги. В ней собраны статьи, которые доктор Спок писал для двух журналов. Брюс Раскин принял участие в издании книги как редактор журнала «Parenting», а Сильвия Конер — как редактор журнала «Redbook». Я также признателен Трэйси Берн-Стайну, прекрасному редактору издательства «Pocket Books».

Наследие доктора Спока сохраняется сегодня благодаря усилиям drspock.com, компании, распространяющей его книги и статьи по вопросам воспитания. Руководители этой группы очень помогали мне в работе над книгой. Я глубоко благодарен Дугласу Ли, Джону Бакли, Дэвиду Маркусу, Джорджу Стрэйту, а также докторам Лауре Янне, Роберту Нидлману и Линне Гейтс за оказанную мне поддержку.

ВВЕДЕНИЕ

В течение семидесяти лет, начиная с 1930-х годов и до конца двадцатого века, доктор Спок был самым известным педиатром. Родители из разных стран обращались к нему за советом по различным вопросам, связанным с воспитанием детей. Его первая книга «Ребенок и уход за ним» («Baby and Child Care») стала бестселлером благодаря содержащимся в ней здоровым и практичным советам, а также духу любви, которым она была пронизана. По популярности ей нет равных.

Сегодня, спустя несколько десятилетий, эта книга по-прежнему является самой востребованной в деле воспитания детей. Такой же характеристики, впрочем, заслуживают и другие книги доктора Спока. Хотя его уже нет с нами, миллионы родителей продолжают пользоваться его советами. Что принесло ему такую популярность и успех? Я бы выделил три главные причины.

Во-первых, доктор Спок затрагивал все вопросы, связанные с физическим (кормление, безопасность, прививки, ранние признаки болезней, домашняя аптечка и т. д.) и психологическим здоровьем детей (процесс нормального развития, взаимоотношения с родителями, братьями и сестрами, психология отцов и матерей, воздействие работы вне дома на семейную жизнь и др.).

Во-вторых, отличительной особенностью его книг было то, что доктор Спок «разговаривал» с родителями. Он нередко получал письма от отцов и матерей, в которых те писали примерно следующее: «Когда я читал(а) Вашу книгу, мне казалось, что Вы сидите за моим кухонным столом и беседуете со мной». В центре его внимания всегда находились родители. Он писал книги с верой в то, что они достаточно мудры и открыты для того, чтобы понимать процесс развития и потребности своих детей. Все советы доктора Спока объединяет высоконравственная идея — необходимо верить в себя.

Третьей причиной, по которой доктор Спок попрежнему популярен среди врачей-педиатров, является его уважительное отношение к изменениям и разнообразию. Он признает, что мы растим детей в соответствии с ценностями, которые господствуют в нашей культуре, и что со временем некоторые из наших взглядов на семью и детей меняются. Он никогда не навязывал нам какого-то одного мнения, которое было бы непреложным и обязательным для всех. Какую бы позицию доктор Спок ни занимал, он всегда уважал разнообразие в методах и подходах к воспитанию, принятых в той или иной местности или семье.

Эта книга составлена на основе ряда статей, опубликованных в двух журналах — «Redbook» (1985—1992) и «Parenting» (1992—1998). Статьи были отредактированы, каталогизированы и собраны в двух подшивках.

Книга доктора Спока «Школьные годы» («The School Years») рассматривает существующие в нашем обществе тенденции, которые оказывают влияние на воспитание детей. Вместе с ней была издана книга «Первые два года жизни» («The First Two Years»).

Доктор Спок начинает разговор с читателями с обсуждения ценностей, которые, по его мнению, нужно прививать детям в первую очередь. Так, прежде всего детей нужно научить отдавать и делиться, а также развивать в них ответственное отношение к своим обязанностям. Он критически оценивает ситуацию, когда родители делают акцент на материальном благосостоянии, и спрашивает их: «А надо ли все это детям?» Доктор Спок особо подчеркивает значение духовности в процессе становления системы ценностей наших детей:

«Под духовными ценностями я понимаю великодушие, доброту, равноправное общение, честность, творчество, красоту, идеализм, любовь... Я пишу по большей части об аспектах духовности, не зависящих от религиозных убеждений. Это та духовность, которая касается взаимоотношений людей друг с другом и с самими собой, исповедуют они какую-нибудь религию или же нет».

Следующий раздел начинается с обсуждения постоянно меняющихся реальных ценностей семьи. Доктор Спок глубоко уважал людей, которые заботятся о детях. Он ценил тот вклад, который вносят в воспитание детей одинокие и разведенные родители, мачехи и отчимы; не забывал он и о роли дедушек и бабушек. В подразделе «Подготовка детей к счастливому браку» доктор Спок указывает на то, что дети узнают об уважении, любви и достойном поведении, наблюдая за своими родителями.

В разделе о современной культуре освещаются вопросы, которые волнуют современных родителей, включая трудности, связанные с занятостью родителей, риск перегрузки при составлении расписания на неделю, влияние телевидения и особенности полового созревания подростков.

Во всех своих работах, и в особенности в данном разделе, он говорит о необходимости воспитания детей, которые будут самостоятельно принимать решения.

Следующие два раздела, в которых идет речь о дисциплине и социальном развитии, будут полезны как родителям, имеющим маленьких детей, так и тем, чьи дети уже оканчивают школу. Дисциплина в понимании доктора Спока — это обучение детей тому, чего хотят от них взрослые. Оно начинается с младенчества и продолжается в подростковом возрасте. Доктор Спок полагал, что именно неуверенность родителей во многом влияет на то, что их дети вырастают недисциплинированными. Он помогает родителям понять факторы, порождающие эту неуверенность, и предлагает способы ее устранения. В этих разделах обсуждается детская ложь, важная роль игровой деятельности, стремление к популярности, давление со стороны сверстников и соперничество между детьми.

Еще одна важная тема, которую затрагивает доктор Спок, касается образования. Оно не должно ограничиваться одной лишь школой. Образование — это еще и взаимодействие с родителями, а также с ровесниками. В последнем разделе книги доктор Спок выдвигает на первый план ценность теплых и уважительных взаимоотношений между учителем и учеником и ставит значение этих отношений в центр образовательной системы. В заключение он предлагает несколько рекомендаций по поводу того, какие изменения следует внести в систему государственного образования, чтобы оно полнее соответствовало потребностям детей.

На протяжении последнего года жизни доктора Спока мы с ним встречались несколько раз в неделю. Вместе со своей женой Мэри Морган он переехал из штата Мэн с его более холодным климатом в Калифорнию, теплое солнце которой оказывало благоприятное влияние на его здоровье. Мы сидели во дворе его дома, откуда открывался прекрасный вид на каньон, где росли зеленые чапаррели, и, окруженные многочисленными растениями и радующими глаз цветами, говорили о детях. Мы работали над седьмым изданием книги «Ребенок и уход за ним». Я был поражен его энтузиазмом. В свои девяносто четыре года он сохранил удивительную интеллектуальную и эмоциональную силу, которая проявлялась, когда обсуждались идеи, имеющие для него большую ценность. Назову лишь некоторые из множества волновавших его вопросов: новые подходы к поощрению и поддержанию грудного кормления, прекращение использования присыпок при раздражении кожи от пеленок, новые рекомендации по вегетарианской диете и анализ различных советов, касающихся ночного недержания мочи. Продуманные ответы доктора Спока были подкреплены многочисленными примерами из его клинической практики, а также идеями и предложениями, которыми с ним делились родители в своих письмах.

Когда я читал очерки, собранные в этой книге, я словно слышал его голос. Голос, который принадлежит заботливому и сведущему человеку, голос, который обращается непосредственно к родителям и выражает глубокую уверенность в том, что они хотят хорошо воспитать своих детей. Доктор Спок верил в ваш ум, в ваши благородные намерения и уважал их. Предлагаемая вашему вниманию книга содержит в себе знания и мудрость врача, посвятившего свою жизнь сохранению эмоционального и физического здоровья детей.

1

ПРИВИТЬ ДЕТЯМ УВАЖЕНИЕ К ЧЕЛОВЕЧЕСКИМ ЦЕННОСТЯМ

Как научить детей отдавать и делиться

Щедрость нельзя развить таким же образом, каким детей учат таблице умножения, то есть путем простого объяснения и повторения. Ведь щедрость заключается не в том, что ребенок вежливо разрешит другим детям взять его игрушки или сделает своим родным подарки на дни рождения. Нет, настоящая щедрость намного более фундаментальна — она произрастает из любви, самого глубокого и сильного из всех человеческих чувств. Если в детях нет любви, то попытки родителей научить их делиться не достигнут большого успеха.

Но даже дети, чьи сердца преисполнены любви, нуждаются в помощи в том, что касается проявления их великодушия. Есть несколько этапов в их развитии и определенные обстоятельства, которые больше всего способствуют обучению. И родители должны о них знать.

У детей есть все необходимое для того, чтобы на соответствующих этапах развития научиться отвечать любовью на любовь родителей. Если у родителей нет любви, которую они должны дать детям, то их дети никогда не станут любящими. Выражение родителями любви и ответ на нее детей меняются в зависимости от возраста. Если речь идет о младенцах, родители демонстрируют ее тем, что всегда готовы прийти на помощь: например, когда малыши испытывают голод, холод, усталость или когда у них болят животики. Дети, в свою очередь, учатся доверять родителям и ценить их преданность. Мы знаем это, сравнивая детей, воспитанных любящими и ответственными родителями, с теми, кто не знал такой любви и заботы.

По мере того как малыши растут, они начинают понимать значение улыбки, объятия, улюлюканья и выражения восхищения, которыми одаривают их родители. Вы можете видеть это по тому восторгу, который в такие моменты отражается на их лицах.

На втором и третьем годах жизни у детей появляется новая потребность — они хотят быть независимыми, иметь право принимать собственные решения и говорить «нет». В то же время они начинают куда лучше осознавать свою потребность в помощи и заботе со стороны родителей. Они испытывают страх расставания и с недоверием относятся к незнакомцам. Любящие родители тактично показывают, что они понимают обе потребности своих малышей, пусть те и противоречат друг другу. Они никогда не позволяют детям чувствовать себя брошенными и вместе с тем иногда разрешают им думать, что малыши одерживают верх в споре с родителями (некоторых споров родители просто избегают).

Между тремя и шестью годами жизни дети становятся менее упрямыми, более общительными и щедрыми. Кажется, что у них уже достаточно независимости и больше им пока не нужно. Теперь их поведением главным образом руководит стремление быть похожими на родителей, которыми они искренне восхищаются. Дети хотят говорить так, как их родители, одеваться, как они, играть в игры, копирующие их занятия, и даже жениться или выйти замуж и иметь собственных детей. Общительность и эмоциональность, свойственные детям в этом возрасте, делают их способными к восприятию ценностей щедрости и дарения — и к получению удовольствия от этого.

После достижения шести лет дети вновь испытывают потребность в независимости. Они больше не желают быть копией своих родителей. Они смотрят на детей одного с ними пола и возраста. Они хотят одеваться, как их сверстники, говорить, как они, играть в те же игры, перенимают их хобби и идеалы. Происходит очень важная перемена — из членов своих семей дети становятся гражданами большого мира.

Давайте теперь более подробно рассмотрим проявление у детей такого качества, как щедрость. Даже ребенок, которому еще не исполнился год, жуя кусочек хлеба, одновременно с любящей и гордой улыбкой предложит часть мякиша своей маме. Я думаю, что он гордится тем, что совершает такой взрослый поступок. Мама отблагодарит его, с удовольствием съев кусочек, причмокивая и показывая, как ей вкусно. Ребенок в возрасте года и нескольких месяцев, который едва научился ходить, будет в течение четверти часа или даже получаса держаться в стороне от женщины, пришедшей в гости к его матери, при этом тщательно ее разглядывая. Он как бы пытается определить, не причинит ли она ему вреда, если он к ней приблизится. Он немного напуган и одновременно хочет завязать с ней дружбу. Наконец, малыш решает, что она ему нравится, после чего он медленно к ней подходит и предлагает ей одну из своих игрушек, возможно, даже самую любимую пустышку.

Она протягивает руку, и он разрешает ей дотронуться до игрушки, но не позволяет взять ее в руки. Я бы сказал, что у него есть стремление к щедрости, но он еще не свободен от чувства собственничества. Это может озадачить взрослого, для которого предложить какую-то вещь и выпустить ее из рук — две стадии одного процесса.

В два года дети внимательно наблюдают за родителями и стараются подражать их действиям, в особенности тем, которые кажутся им полезными. Например, они с удовольствием принесут пеленки для новорожденного или разложат на столе ножи, вилки и ложки. Я даже видел, как двухлетний ребенок предлагал новорожденному малышу свою пустышку, — удивительное проявление щедрости! Но эти чувства с возрастом могут исчезнуть.

Это спонтанное желание быть полезным родителям или самому маленькому члену семьи не одно и то же, что предложить игрушку своим ровесникам или играть вместе с ними. На самом деле в этом возрасте ребенок еще кричит: «Мое!», когда другой ребенок берет его вещь, и с негодованием бросается к нему, чтобы отобрать то, что принадлежит ему. Он также может ударить «обидчика» этой игрушкой или укусить его.

Двухлетки любят наблюдать за игрой других детей и с удовольствием им подражают. Иногда это называют параллельной игрой, которую не надо путать с совместной.

Теперь давайте поговорим о том, как вы можете помочь своим детям научиться щедрости. Не следует повторять, что с самого рождения и до того, как они станут взрослыми, дети должны быть окружены любовью. Родительская любовь — это, конечно, нечто большее, чем объятия и сюсюканье. Это удовлетворение законных потребностей детей в физическом проявлении любви, в признании их достижений, в утешении, когда у них что-то болит или когда они опечалены. Это также понимание того, что в ребенке может проснуться ревность в случае рождения брата или сестры, и готовность благожелательно обсуждать с ним их порой противоречивые чувства.

Родительская любовь — это и чуткий контроль над тем, что подросшие дети могут попасть в неприятную ситуацию или повредить вещи других людей. Но контроль не подразумевает наказания, а лишь проявление твердости и последовательности.

Самый полезный совет, который я могу дать для развития щедрости, — это извлекать максимум из побуждения детей разных возрастов быть полезными и делиться своими вещами с другими. Положите свою руку на игрушку, которую вам предложил годовалый ребенок, улыбнитесь и трижды поблагодарите его, но не пытайтесь взять игрушку у него из рук, иначе вы пробудите в нем собственнические чувства.

Похвалите за помощь по дому двухлетнего малыша, который раскладывает на столе обеденные приборы. Не говорите ему либо себе, что вы можете справиться с этим быстрее. Вы поступите неправильно. Если ребенок с удовольствием помогает вам — или самому себе, — то нужно позволить ему это сделать, если, конечно, помощь не сопряжена с опасностью. Если вы скажете ему, что он еще слишком мал, то ваше замечание останется без ответа, но в будущем вам придется просить или заставлять его делать то, что перестанет быть для него интересным. Выразите одобрение хорошо выполненной работой. Поселите в его сердце надежду на то, что в будущем ему доверят более сложную работу, такую как, например, расставить на столе тарелки.

Не пытайтесь убедить двухлетнего малыша в том, что нужно делиться игрушками с другими. У него еще слишком сильны собственнические чувства. Ему может казаться, что другой ребенок хочет присвоить его игрушки. Когда родители побуждают его к тому, чтобы делиться, то он, скорее всего, подумает, что все объединились против него, чтобы его обмануть. Это может сделать его еще большим собственником, чем прежде.

В возрасте от трех до пяти лет дети обычно бывают более общительными. Они любят проводить время с ровесниками, играть с ними: например, строить вместе «дома», играть в дочки-матери, врача и пациента, водителя и пассажира автобуса, или один из них сядет в коляску, а другой будет ее тащить. Чтобы помочь детям осуществить этот переход от эгоизма к щедрости, родители могут вступить с ними в игру, показывая тем самым, как интересно играть вместе. Правда, такие действия найдут отклик, скорее всего, в душе трехлетнего ребенка, нежели двухлетнего. Это как раз тот возраст, когда стоит поощрять регулярное участие ребенка в работе по дому или на садовом участке.

Превратите вашу совместную работу с ним в приятное времяпрепровождение, когда вы, подобно старым друзьям, болтаете о разных вещах.

Если ребенок не предложил вам сегодня помощь, не спешите его бранить. Напомните, как много он вам помогал и как сильно вы нуждаетесь в его помощи сегодня. Если это не сработает, проявите больше настойчивости, но не выходите из себя. Вспомните, что в детских садах малыши охотно помогают воспитателям день за днем на протяжении всего года.

В возрасте шести лет игра «в семью» перестает так сильно захватывать детей. Их интересы смещаются в сторону науки, природы, учебы, у них появляются новые хобби. Они больше не хотят отождествлять себя со своими родителями, а стараются быть похожими на сверстников: подражают их манере речи, поведению за столом, копируют стиль одежды и просят купить такие вещи, как у их знакомых детей. Они в первую очередь озабочены тем, чтобы их приняли в школе, в кругу друзей и ровесников.

Дети в этом возрасте объединяются в компании и устраивают тусовки, основной целью которых является исключение тех, кто кажется им не таким, как они. Эта нетерпимость способна порой принимать жестокие формы. С другой стороны, им интересно узнавать о том, что происходит во внешнем мире. Если родители и учителя благодаря своей мудрости и доброте заслужили их уважение, то им не составит труда убедить детей в том, что люди из других социальных слоев и других стран также достойны любви и уважения. Я с восторгом наблюдал за тем, как двое моих детей, у которых были любящие и очень трезвомыслящие учителя, с каждым годом становились все дружелюбнее и терпимее по отношению к другим людям. Эти качества сохранились в них и теперь. Я считаю толерантность важным аспектом щедрости, великодушия. Родители и учителя могут помочь детям развить это качество, которое значительно облегчит им социальную и профессиональную жизнь.

Ребенку в возрасте от шести до десяти лет можно легко привить чувство великодушия по отношению к окружающим. С помощью родителей дети могут починить свои старые игрушки и отдать их в какую-нибудь благотворительную организацию, откуда они затем попадут к детям из малообеспеченных семей. Также они могут отдавать часть своих карманных денег или своего заработка в воскресную школу или на какое-то другое доброе дело. Став чуть постарше, дети могут записаться в волонтеры и заняться благотворительной работой: дарить книги, петь песни для пациентов госпиталей, играть с маленькими детьми в больницах и других учреждениях или помогать в учебе школьникам начальных классов.

Я должен сказать несколько слов по поводу проявления щедрости в такие праздники, как Рождество, Ханука и день рождения. В такие дни некоторые дети нередко становятся воплощением жадности, эгоизма. Они думают и говорят только о том, чего хочется им.

Также мне кажется, что детям порой дарят слишком много подарков. Родителям следовало бы скорректировать поведение своих чад: побуждать их к тому, чтобы они сами дарили открытки, делали небольшие подарки родителям, бабушкам и дедушкам. Пусть они сами выбирают, покупают и преподносят подарки своим друзьям в дни рождения, на Рождество и Хануку.

Подарки вызывают радость у детей так же, как и у взрослых. Я хорошо помню, какую рабость почувствовал, когда в третьем классе подарил родителям набор промокашек, перевязанных ленточкой, а к ним приложил еще календарик и рисунок занесенного снегом домика. В то время у всех были промокашки, потому что чернила в ручках высыхали медленно. Я принес подарок домой и спрятал его в укромном месте, словно это было кольцо с бриллиантом. Как же мне было трудно дождаться, когда наступит Рождество и я смогу преподнести подарок своим родителям!

Давать не только намного благородней, чем брать, но и намного увлекательней. Особенно хорошо, если дети узнают об этом от родителей, а те покажут, как они рады подаркам.

Ответственность и обязанности

В возрасте двух лет ребенок может помогать родителям одевать себя. Дети с охотой делают «взрослые вещи». Они с интересом будут заниматься каким-то делом дольше, если родители будут работать вместе с ними.

Я считаю, главное, о чем вам следует задуматься, — это то, как вы преподносите детям их обязанности. Маленьким детям не терпится повзрослеть. Они ходят по дому за старшими братьями или сестрами и копируют их действия. Девочки целыми днями играют в дочки-матери: одевают и кормят кукол, выводят их на прогулку и т. д. Они с большим энтузиазмом берут на себя обязанности взрослых.

Их желание и энтузиазм — ваши главные козыри в обучении детей этим обязанностям. Если вы будете видеть интерес детей к взрослой жизни и сами станете проявлять интерес, работая вместе с ними, то дети будут выполнять свои обязанности с радостью, а не относиться к ним с недовольством. Если же вы оставите ребенка одного или, рассердившись, прикажете, чтобы он делал то, что ему положено, то его радость и энтузиазм испарятся, как дым. Возможно, ребенок, опасаясь наказания, будет справляться с работой быстрее, но его работу нельзя назвать полноценной — ей недостает сотрудничества, увлеченности и любви.

Вы должны решить, что именно должны освоить ваши дети, чему научиться. Можете быть уверены, они справятся со своими обязанностями. Допустим, вы хотите, чтобы дети сами убирали свои игрушки. Если вы скажете трехлетнему ребенку, что собрать игрушки — это часть игры, то он с удовольствием наведет порядок в детской. Почему бы вам не показать дочке, как укладывать ее куклу в колыбельку? Девочка очень быстро поймет, что должна делать кукла после того, как она закончит играть. Для того чтобы развить в детях подобные навыки, не обязательно сердиться на них. Конечно, вы сами справитесь с этими обязанностями намного быстрее, но какой в этом смысл? Ведь здесь главное не скорость. Поэтому уделите время тому, чтобы объяснить ребенку, куда ему следует положить свои игрушки. Вы можете ему сказать: «Вот где твой мишенька любит спать, когда ты с ним наиграешься». Вам необходимо быть терпеливыми и ограничиваться только напоминаниями, исключая повышенные тона в разговоре с ребенком. Работая вместе с детьми, вы даете им прекрасную ролевую модель. Если вам нравится то, что вы делаете сами, то и ребенок вскоре тоже начнет получать удовольствие от работы.

Когда ребенок немного повзрослеет, вы можете учить его готовить пищу. Я знаю детей, которые еще не умели ходить, но уже «готовили», например помешивали суп или кашу. Скорее всего, совместное приготовление пищи принесет много удовольствия и вам, и малышу. Если ребенок взял в руки нож, обязательно внимательно следите за ним. Обычно дети любят придвигать к умывальнику стул и мыть морковку. В шесть или семь лет они уже способны налить в кастрюлю воду и сварить морковку, которую сами помыли. Вы также можете научить их делать бутерброды с шоколадным маслом, которое они так любят.

Многие дети охотно составляют меню, ходят за покупками, делают необходимые приготовления и подают блюда на стол. Иногда они могут забывать о своих обязанностях, и на вашей кухне будет беспорядок, но цель состоит в том, чтобы дети постепенно привыкали к приготовлению пищи. Это то занятие, которому ваш сын или дочь будут с удовольствием уделять время на протяжении всей жизни. Поэтому чем раньше вы начнете их к этому приобщать, тем лучше. Если вам нравится находиться на кухне, занимаясь приготовлением пищи, то ваши дети тоже это полюбят. Но если стряпня наводит на вас тоску, то даже не пытайтесь приобщить к ней детей. Лучше осваивайте с ними то, к чему вы сами расположены. Если двухлетняя дочка хочет помочь вам на кухне, то позвольте ей, например, помешивать тесто. А ребенок постарше уже способен самостоятельно варить овсянку, но вы должны быть уверены, что он умеет обращаться с огнем и не обожжется. Приготовив овсянку, он наверняка захочет подать ее на стол и угостить всех членов семьи.

Чем больше времени вы проводите с детьми, обучая их в веселой манере основным обязанностям, тем быстрее они их освоят. Вы должны смириться с тем, что дети не такие аккуратные, как взрослые, что им порой с трудом даются элементарные вещи. Принимайте их такими, какие они есть. Родители могут научиться такому отношению, наблюдая за тем, как оно проявляется у детей.

Родителям будет проще воспитать в детях чувство ответственности, если они сами будут проявлять ответственность. Дети любят подражать родителям, и они проявят большее желание и готовность к выполнению своих обязанностей, если взрослые будут делать то же самое.

Когда ребенок увидит, что его отец или мать сгребают листья, моют машину или стригут лужайку, ему захочется надеть ботинки, взять щетку и скрести ей покрышки или поливать машину из шланга. Возможно, его одежда промокнет, но в любом случае труд вместе со взрослыми доставит ему удовольствие.

Многие из нас в детстве думают о том, кем они станут, когда подрастут, и автор этих строк не исключение: я решил стать педиатром, потому что был старшим из шести детей и сравнивал себя с матерью. Я помогал ей заботиться о моем младшем брате Бобе, менял пеленки и давал пустышки остальным братьям и сестрам. Уверен, что именно выполнение этих обязанностей дало толчок к тому, чтобы я выбрал профессию педиатра. Когда мать позволяла мне ухаживать за детьми, я чувствовал себя более взрослым и старался делать все так, как взрослые.

Родителям иногда не так легко пойти на то, чтобы разрешить детям выполнять свои обязанности, потому что те тратят на это гораздо больше времени. Неопытность ребенка может подвергнуть испытанию ваше терпение. Но если так или иначе вы дадите ему понять, что уверены в том, что он справится со всеми обязанностями, то тем самым поможете ребенку испытывать чувство гордости.

Обязанности детей в зависимости от их возраста

Двухлетние дети:	раскладывать на столе вилки, ложки, салфетки, помогать родителям себя одевать.
Трехлетние дети:	носить пакеты, собирать игрушки (с помощью родителей), класть на стол вилки, ложки, расставлять тарелки.
Четырехлетние дети:	очищать корзину от мусора, застегивать пуговицы, собирать игрушки.
Пятилетние дети:	стричь газон вместе с родителями, завязывать шнурки.
Шестилетние дети:	помогать родителям мыть машину, кормить собаку или кошку.
Семилетние дети:	убирать постель, выносить мусор, подметать или пылесосить комнату.
Восьмилетние дети:	готовить простые блюда.

Чем больше, тем лучше?

Американские дети имеют куда большее количество вещей, чем дети в других странах. Колыбелька младенца обычно до отказа забита плюшевыми зверюшками. Детям постарше дарят куклы и многочисленные наряды к ним, трехколесные велосипеды, игрушечные машинки, а также роботов, пистолеты, настольные игры, магнитофоны, спортивное снаряжение, а в день своего шестнадцатилетия юноша может получить в подарок настоящую машину либо приобрести ее на заработанные им деньги.

В силу специфики своей работы я порой оказываюсь в комнатах ожидания, где родители оставляют своих детей, отправляясь за покупками и т. д. В этих комнатах так много игрушек, что мне иногда негде поставить свою сумку. А гардероб бывает до отказа забит одеждой, и в нем даже не остается свободного крючка для моей куртки. (Я не жалуюсь, а просто констатирую факты.) Родители из других стран, увидев такое попустительство, удивились бы или даже пришли в ужас.

Отчасти это можно объяснить тем, что в Америке много эмигрантов. Они уехали из своей страны, чтобы их дети могли пользоваться теми преимуществами, которые предоставляют Соединенные Штаты, — не только иметь больше игрушек, но и получить лучшее образование, работу, религиозную свободу и уважение своих прав.

Я говорю не только об игрушках. Детям часто покупают слишком много одежды, дают много привилегий и жертвуют ради их счастья многими вещами. Более важным является соотношение цены всех подарков с доходами родителей. Это значит, какие жертвы приносят родители и ценят ли это дети — готовы ли они сами пожертвовать чем-то.

Например, когда шестилетний ребенок просит велосипед, я думаю, родители поступят мудро, если не побегут тут же в магазин, чтобы исполнить его просьбу. Они могут сказать, что это дорогой подарок, и обсудить с детьми, хотят ли те получить его на день рождения, Рождество или Хануку. Если до этих праздников еще далеко, то родители могут предложить детям откладывать на покупку карманные деньги или выполнять какую-нибудь работу, чтобы внести свой вклад в приобретение, например, велосипеда. Я думаю, когда дело касается того, что стоит дорого, повремените с покупкой и совместно несите бремя расходов — это очень важно. Таким образом, ребенок узнает, что деньги не растут на деревьях. Кроме того, это поможет родителям определить, является ли желание сына или дочери сильным или это просто мимолетный каприз. Да и сам ребенок будет больше ценить ту вещь, в которую он вложил средства.

Уверен, что дети, у которых очень много вещей, не ценят их так, как те, у кого их нет. Ведь не успеет их желание созреть, как им покупают то, что они попросили. Более того, дети, у которых мало игрушек, должны проявлять творческие способности и думать над тем, как разнообразить игру: например, они дадут своим куклам новые роли и придумают для них новые ситуации. Или, например, девочка может заставить куклу справляться с теми же трудностями, с которыми приходится бороться ей самой: преодолевать страх перед прививками или чувство обиды за наказание. Иными словами, игра становится для детей наиболее важным занятием. Я противопоставляю американского ребенка, буквально утопающего в игрушках, ребенку, которого увидел в одном документальном фильме про бедную страну. В нем показывали, как девочка играла с куклой, сделанной из соломы. Эта кукла была для нее всем, что она имела, и девочка ее очень любила.

В качестве примера противоположной крайности я расскажу вам ситуацию, которую мне довелось наблюдать в одной больнице. Родители не испытывали сильной любви к дочери, и чтобы восполнить недостаток чувств, приносили ей горы подарков. Но девочка к ним даже не притрагивалась. Она игнорировала их или ломала, понимая, что это лишь замена той любви, в которой она остро нуждается.

Недостаток родительской любви встречается редко. Но ситуация, когда родители осыпают ребенка подарками, чувствуя перед ним свою вину за что-то еще, довольно типична. Например, они просто не хотели этого ребенка и надеялись, что он не появится на свет, или же сын напоминает матери о ее брате, с которым она плохо обращалась в детстве, так как, по ее мнению, он был любимчиком родителей. А возможно, оба родителя целый день проводят на работе и чувствуют свою вину перед ребенком за то, что не уделяют ему должного внимания.

Некоторые родители потакают детям, так как хотят, чтобы те имели не только то, что было у них самих, но и то, чего им всегда недоставало. Наконец, есть родители, которые просто не осмеливаются сказать «нет», поскольку боятся, что соседи или родственники посчитают их скупыми или что дети обвинят их в недостатке любви. Дети очень чувствительны к малейшему чувству вины со стороны родителей (они вообще хорошо чувствуют настроение родителей), и им порой нелегко справиться с искушением воспользоваться этим. Вот и начинают просить, ныть, клянчить или даже требовать.

Если дети обнаружат, что некоторые из перечисленных способов срабатывают, то они не успокоятся до тех пор, пока не получат от родителей желаемое либо пока не услышат твердый отказ.

На детей оказывает неблагоприятное влияние не столько чрезмерное количество подарков и привилегий, сколько чувство того, что они могут выпросить у родителей или заставить их покупать им больше вещей, чем те считают необходимым или разумным. В результате дети перестают уважать не только родителей, но и самих себя.

Такие дети могут развить в себе целый ряд негативных качеств. Они нередко становятся жадными, эгоистичными, неблагодарными, упрямыми, нечувствительными к нуждам и эмоциям других.

Когда дети понимают, что им под силу заставить родителей купить столько вещей, сколько они захотят, у них развивается чувство вины. Они осознают, что поступают неправильно, что им следует уважать своих родителей и соблюдать умеренность (в этом взрослые похожи на детей). Парадокс заключается в том, что они продолжают давить на родителей, подсознательно надеясь, что те установят для них какие-то ограничения. Если такие отношения будут продолжаться и впредь, то, возможно, дети никогда не станут самостоятельными людьми: у них не будет развита инициативность, творческое мышление и чувство ответственности.

Не исключено, что детям будет трудно развить в себе способность получать удовольствие от игры со сверстниками.

Когда они начнут проводить много времени в школе, общаясь с ровесниками, и поймут, что их не очень-то любят, они либо всерьез задумаются о своем эгоизме и исправятся, либо начнут со всеми враждовать.

Родители, не умеющие сопротивляться неразумным требованиям детей, также испытывают трудности. Они постоянно колеблются и не знают, что им делать: отказать или уступить. Ни одной из этих позиций на протяжении долгого времени они просто не способны занимать. Сказав «нет», родители испытывают чувство вины и обвиняют себя в жадности. Поддавшись на капризы детей, они будут, скорее всего, испытывать сожаление, досаду по поводу своей мягкотелости и неумения отстаивать собственные убеждения.

Такое непостоянство вредит не только способности родителей чувствовать меру. Оно в какой-то степени дестабилизирует или портит семейные отношения, лишая их счастья, уважения, уверенности друг в друге, без которых жизнь в браке перестает приносить удовольствие.

Моя цель не в том, чтобы объяснить родителям, как много или как мало они должны делать для своих детей покупок, потому что одна семья не похожа на другую. Я лишь хочу, чтобы родители, которые чувствуют, что чрезмерно потакают своим детям, убедились: такой стиль поведения не приносит счастья кому-либо.

Вовсе не обязательно, что родители, у которых нет проблем с чувством вины перед детьми или чрезмерным попустительством, строги по отношению к ним. Такие родители просто знают, как реагировать на просьбы и требования детей. Когда ребенок просит их приобрести какую-то вещь или дать ему определенные привилегии, и родители понимают, что нет необходимости немедленно удовлетворять эту просьбу, они мягко объясняют, что вещь слишком дорогая. Такой подарок можно сделать лишь на день рождения или к другому празднику, если только ребенок не хочет внести свой вклад в эту покупку.

Доброе расположение и отсутствие колебаний помогают ребенку серьезно отнестись к словам родителей и не обидеться на них. Неуверенный ответ свидетельствует о том, что родители пребывают во внутреннем конфликте. Я считаю, что дети соглашаются со всем, во что искренне верят родители, но, почувствовав неуверенность, они начинают капризничать и упрямиться.

Но, можете ответить вы, я редко бываю уверен в своих словах. Тем не менее это не означает, что вы не способны измениться. Прежде всего попытайтесь выяснить, что заставляет вас проявлять слабохарактерность или чувствовать вину. Затем, независимо от того, нашли вы объяснения или нет, приступайте на практике твердо, но не сурово относиться к детским просьбам.

Решив начать с чистого листа, не ожидайте, что больше никогда не совершите промахов. Вы должны быть довольны постепенным прогрессом, которому свойственны и взлеты, и падения. И даже когда все у вас начнет получаться намного лучше, это не значит, что дети немедленно ответят вам взаимностью. Некоторое время они будут использовать старые приемы, которые раньше так хорошо работали. Но если вы будете последовательны, то их отношение вскоре изменится.

Рост стрессовых ситуаций и ослабление духовных ценностей

Сегодня американским родителям намного тяжелее, чем тридцать лет назад. Трудности, с которыми они сталкиваются, являются бичом всего общества. Я говорю о стрессах и об утрате духовных ценностей.

Под духовными ценностями я понимаю щедрость, доброту, товарищество, честность, умение создавать и ценить прекрасное, идеализм, любовь.

Я хочу, чтобы вы знали, что я пишу о тех аспектах духовности, которые не зависят от религиозных убеждений. Здесь пойдет речь о духовности, касающейся непосредственно отношений людей друг с другом и с самими собой, независимо от того, какую религию они исповедуют. Я говорю о привязанности к семье, о работе во имя лучшего будущего своей страны и всего мира, о щедрости, терпимости, любви к родным, друзьям, коллегам по работе, честности и преданности своим убеждениям.

Когда я думаю о стрессах, влияющих на духовные ценности современных семей, то вспоминаю свое детство в Нью-Хейвене, штат Коннектикут. Я тогда понятия не имел ни об убийствах, ни об изнасилованиях, ни о домашнем насилии, ни о наркотиках, ни о подростковой беременности. Возможно, все это имело место, но лишь в очень небольших масштабах и поэтому не драматизировалось в газетах. Дисциплина была строгой, а жизнь спокойной, почти неподвижной. Мой отец, железнодорожный юрист, каждый день на троллейбусе приезжал домой обедать. Ему никогда не грозила безработица; было само собой разумеющимся, что такой работник, как он, выполняющий свою работу добросовестно, мог не волноваться по поводу размеров будущей пенсии. Моя мать родила шестерых детей и занималась только их воспитанием; это относится и к другим матерям, относящимся к среднему классу. Каждый день мама приходила в гости к бабушке и привозила в коляске самого маленького ребенка, и мы, дети, играли во дворе до тех пор, пока бабушка не позовет нас в дом и не угостит печеньем: каждый получал по одной штуке.

Конечно, тогда еще не было ни радио, ни телевидения. После школы мы играли во дворе, а в дождливые дни читали одну из сотен книг, которые хранились в библиотеке нашей матери: Марка Твена, Стивенсона, Диккенса, Теккерея, Кингсли или Библию.

Всем нам хорошо известны стрессы, с которыми мы вынуждены бороться. Я бы не упоминал о них, если бы не был уверен в том, что их можно преодолеть. Для этого нам не нужно возвращаться в прошлое, а следует лишь сместить акцент в воспитании наших детей и использовать политическое давление для того, чтобы заставить правительство и промышленность удовлетворять те нужды, которые не могут удовлетворить отдельные индивиды. Я знаю, что и первое, и второе возможно, ибо мне приходилось наблюдать за тем, как воспитывают детей в других странах, и у меня есть опыт политической борьбы против войны во Вьетнаме.

К сожалению, большинство из нас лишены того комфорта и безопасности, которые присущи жизни в большом семейном кругу, когда под одной крышей живут бабушки и дедушки, тети и дяди, двоюродные братья и сестры. Сообщества, в которых люди хорошо друг друга знают и могут оказать помощь в кризисной ситуации, ушли в прошлое. Говорят, что в некоторых районах Лос-Анджелеса люди переезжают с места на место каждые полтора года. Как тут может пустить корни или стать своим человек, который вынужден покидать дом, еще не успев в нем обжиться?

Сейчас далеко не все чувствуют, что у них есть вера в Бога, который оберегает и направляет их жизнь. Наука вытеснила религию из некоторых областей нашей жизни. Что в последние годы больше всего подвергало опасности взаимоотношения детей и родителей и представляло для них наибольшую угрозу перед лицом упадка духовных ценностей?

Работа родителей вне дома

В наше время половина отцов и матерей, у которых есть дети дошкольного возраста, чувствуют себя обязанными — в основном из финансовых соображений — работать вне дома. Женщины имеют такие же права на карьеру, как и мужчины. Но мы так и не решили, кто же будет заботиться о детях. Прекрасно, если есть бабушка или тетя, готовые помочь, или если родители могут согласовывать друг с другом расписание своей работы, но не у многих есть такие возможности. Раньше только богатые люди могли позволить себе нанимать няню. Работающим матерям приходилось отдавать своих детей в ясли, детские сады, сотрудники которых не могли уделить много времени каждому малышу в отдельности.

Мы знаем, что первоклассные детские сады, в которых на каждого учителя, хорошо разбирающегося в вопросах воспитания, приходится всего по несколько детей, могут стать неплохой заменой родителям. Проблема в том, что таких заведений очень мало и большинству родителей они не по карману. Между тем тысячи, даже сотни тысяч детей из-за весьма посредственного ухода испытывают эмоциональную депривацию на важнейших стадиях своего развития. Это заставляет родителей испытывать чувство вины и неудовлетворенности, так как они осознают, что их дети лишены должной заботы.

Трудно поверить в то, что, живя в богатейшей стране мира, мы обделяем своих детей. Правительство утверждает, что оно не может субсидировать детские сады. Чушь! Триллионы долларов уходят на ненужную гонку вооружений. Во всех европейских странах и в Канаде дела обстоят намного лучше, чем у нас. Впрочем, сейчас этому вопросу начали уделять больше внимания, и оно того стоит: родитель, которому не нужно волноваться о своем ребенке, будет куда более лояльным и продуктивным работником.

Дети и развод

Я не против развода. Я сам был разведен. Но вы должны понимать, какие трудности развод создает для каждого члена семьи. Всем детям разведенных родителей присущи такие симптомы, как страхи, ночные кошмары, агрессивность, подавленное настроение и снижение успеваемости. Эти симптомы останутся устойчивыми на протяжении как минимум двух лет. Понятно, какие проблемы это создает родителям, особенно опекунам. Родителям следует заранее знать, с чем столкнутся они и их дети. Затем они должны решить, как лучше организовать развод и не лучше ли попробовать наладить семейные отношения.

Бытует много мнений по поводу разводов. Кое-кто даже считает, что увеличение количества разводов делает это явление более терпимым для общества. Выступая в клубах одиноких, большинство членов которых обычно разведены, я как-то задал вопрос: многие ли жалеют о том, что не приложили достаточно усилий для сохранения брака? Около половины присутствующих подняли руки. Это свидетельствует о том, что решение о разводе часто принимается в приступе гнева, до того как были исчерпаны все средства для примирения, а возможно, поступили так по совету адвоката. Я думаю, другой факт связан с тем, что нынче многие из нас озабочены своими нуждами и желаниями, отодвигая обязанности по отношению к детям и обществу на второй план.

Два человека, которые недавно делали все для того, чтобы доставить радость друг другу, сейчас пытаются вызвать друг у друга раздражение и гнев. Каждый оправдывается тем, что не он первый начал так поступать. Но ведь во власти супругов и то, как доставлять друг другу удовольствие, и то, как вызывать раздражение, — укреплять или разрушать брак.

После развода многие вновь сочетаются браком, и тут возникает новая проблема — неродных родителей. Несколько лет назад я написал статью о том, как быть отчимом или мачехой, и думал, что в статье есть немало полезных советов. Но, став отчимом, я осознал, что даже не имею понятия, как следовать предложенным мною советам. Из-за огорчения по поводу того, что меня отвергали («Ты не мой отец, и я не обязана делать то, что ты говоришь»), я часто поступал неправильно: был строг, ругался, чем только усиливал сопротивление.

Работа, не приносящая удовлетворения

Еще одна проблема, о которой мы не думаем, заключается в том, что большинство из нас трудятся только ради зарплаты, не получая от работы удовлетворения. Раньше люди зарабатывали себе на жизнь тем, что делали горшки, кувшины или предметы одежды. Они всегда работали на совесть, создавая настоящие шедевры, что, без сомнения, делало их счастливыми. Я помню, как строил восьмифутовый парусник: сколько времени у меня ушло на то, чтобы просверлить триста шестьдесят маленьких дырочек и вкрутить в них триста шестьдесят маленьких болтиков, не говоря уже обо всем остальном!

Но работа не казалась мне скучной, потому что я все время помнил о лодке, на которой мог бы плавать по реке. Когда все было готово, я нанес на свое творение один слой краски, и моя лодка из грязной и невзрачной превратилась в красивый маленький парусник. Меня переполняла гордость. Отмечу, что эта лодка ни разу не дала течь. Именно такое удовлетворение мы все должны получать от своей работы. Но многим я советую не забывать о своем хобби.

Рабочие на заводах и клерки в офисах день за днем в течение многих лет только и делают, что повторяют движения, не имеющие для них почти никакого смысла, будь то сборка карбюраторов или заполнение бланков. Да, так можно хорошо заработать себе на жизнь. Но в последние годы заводские рабочие из Европы и Америки все чаще жалуются на то, что это скучный и сопряженный со стрессом способ зарабатывания денег. Здесь, как нередко и во многих других областях жизни и профессиональной деятельности (спорте, коллекционировании произведений искусства, издании книг), на первом месте — величина дохода, а не удовольствие и не польза для общества.

Не жизнь, а состязание

Вся наша жизнь пронизана духом соревнования, который и лежит в основе стрессов и напряжений. Я думаю, что большинство родителей дают детям примерно такое наставление: будь первым, малыш, ты пришел в мир именно за этим. Есть немало примеров того, как родители пытаются сделать из своего ребенка чуть ли не супермена.

Бытует мнение, что если приложить достаточно усилий, то можно научить чтению даже двухлетнего ребенка. Человек, проводивший эксперимент, утверждал, что не оказывал на малыша никакого давления. Но ребенок, которого показали в телевизионной передаче, выглядел как испуганный кролик, ищущий путь к спасению. Но зачем все эти усилия, весь этот стресс? Кроме того, никто пока не доказал, что если ребенок научится читать в два года, а не в шесть, как обычно, то в восемь лет он будет читать намного лучше остальных детей. Мне кажется, что таким образом можно только расшатать психику ребенка, и у него пропадет всякое желание учиться. В мои годы учеба была довольно скучной, что, естественно, далеко от идеала. Но уж лучше так, чем подвергать ребенка непомерным нагрузкам.

По моему мнению, если родители хотят блага своим детям, им не следует делать из ребенка непременно чемпиона или миллионера. Родители, ставящие семью на первое место, а работу на второе, дают своим чадам прекрасный пример для подражания. Как-то я беседовал с детьми одиннадцати–двенадцати лет, чьи родители в основном были высококлассными профессионалами и много времени проводили на работе. Они гордились, что их родители занимают высокооплачиваемые должности, и вместе с тем испытывали некоторую горечь по поводу того, что те почти не бывают дома. Особенно сильно дети огорчались тогда, когда родители из-за своей занятости не присутствовали на спортивных соревнованиях, музыкальных и танцевальных вечерах, а также на выступлениях школьного драмкружка, в которых участвовали их дочери и сыновья.

Матери и отцы, руководствуясь самыми благими намерениями, чтобы приобщить детей к спорту, часто помогают организовывать небольшие спортивные лиги. Но боюсь, что такая подчеркнутая соревновательность, стремление к совершенству и чрезмерное желание победить не доведет детей до добра. Я видел, как отец, огорченный тем, что его сын допустил ошибку или незначительный промах в спортивной игре, после окончания матча очень сурово отчитывал его. Также я слышал, как однажды группа родителей вышла на поле и требовала от арбитра, чтобы он изменил свое решение. Раньше родители отправляли детей в лагеря, чтобы те изучали природу и весело проводили время, соревнуясь в спортивных играх. Сейчас ребят часто посылают специализироваться в алгебре, программировании или же в игре в теннис.

Такое давление на детей является лишь отражением того давления, которое общество оказывает на амбициозных родителей, стремящихся иметь влияние, престиж и положение в обществе. Я разговаривал с отцами, чьи дети попадали в те или иные неприятные ситуации. Отцы признавались, что были настолько увлечены карьерным ростом и посещением различных заседаний и совещаний, что совершенно утратили контакт со своими детьми и почти ничего не знали об их жизни.

Материальные ценности в центре внимания

Одной из самых серьезных проблем является преувеличение значения материальных ценностей. В каком бы обществе люди ни жили, им необходимо быть материалистами, иначе они могут умереть от голода. Но в большинстве стран мира духовные ценности имеют преимущество перед материальными. В годы моей молодости положение дел было иным: моя мать заставила меня бросить летнюю подработку потому, что за нее слишком хорошо платили.

Я могу назвать много стран, в которых семья имеет абсолютную ценность. Там ребенок растет с глубоким уважением к членам своей семьи и испытывает гордость за то, что он уже достаточно взрослый, а следовательно, родители и родственники теперь могут давать ему различные поручения. Английский антрополог Джеффри Горер много лет назад заметил, что в других частях света отцы дают сыновьям примерно следующие наставления: «Сын, ты должен гордиться своей семьей. Мы дали тебе хорошую пищу, хорошую одежду, отличное образование, и теперь ты должен доказать, что достоин своей семьи». В Америке все обстоит с точностью до наоборот. Отец говорит сыну: «Сын, если ты не преуспеешь в этой жизни больше меня, то я буду о тебе невысокого мнения». Я уверен, дети должны учиться уважать своих родителей, бабушек и дедушек. В изменчивом американском обществе дедушка порой может надеяться лишь на то, что дети не выставят его за дверь, когда он приедет к ним погостить.

Религия

Во многих частях света, как было в прошлом и в нашей стране, религия пользуется большим авторитетом. Дети растут с мыслью о том, что они пришли в этот мир ради исполнения заветов Творца, и Господь будет руководить их действиями и направлять их ко благу. У нас по-прежнему много тех, кто посещает церковь, но я сомневаюсь, что большинство из них каждый день обращаются к Богу за наставлением. Мы очень много теряем, полагая, что мы совершенно одни в этом мире и что не существует убеждений, которых следует твердо придерживаться.

Терпимость к насилию

Я полагаю, что ни в одной стране мира нет столько насилия, сколько у нас. Несколько лет назад организация по контролю за распространением оружия провела исследование. Она сравнила количество смертей от применения огнестрельного оружия в Соединенных Штатах и в других странах. Ни в одной стране мира показатель смертности не превышал сорока летальных исходов в год; в Британии он равнялся восьми. Знаете ли вы, какими были цифры для Америки? Одиннадцать тысяч пятьсот двадцать два летальных исхода! Причем большинство убийств были направлены против членов семьи и других близких людей. Цифры по изнасилованиям и домашнему насилию также очень велики. Эти сравнения говорят о большом напряжении внутри семьи, равно как и об отсутствии контроля.

Часть вины из-за ситуаций, связанных с насилием, я бы переложил на кино и телевидение. Средний американский ребенок к восемнадцати годам становится свидетелем восемнадцати тысяч телеубийств. А ведь известно, что всякий раз, как ребенок или взрослый наблюдает насилие, он становится чуть менее чувствительным к его восприятию. Но если это «чуть» умножить на восемнадцать тысяч, мы получим едва ли не полную потерю чувствительности и сильное очерствение души. Это не значит, что просмотр фильмов превращает ребенка из порядочной семьи в головореза, но сцены насилия перестают вызывать у него естественный ужас и отвращение.

Духовность и секс

В последнее время люди стали относиться к сексу, лишь как к плотской забаве, он потерял всякое духовное измерение. Отчасти это тоже объясняется влиянием кино и телевидения.

Но здесь имеются и другие причины: движение за половое просвещение почти нивелировало страх и стыд, которые всегда были важной составляющей в отношений детей (и взрослых) к сексу. Это движение подчеркивало естественность половых отношений и представляло их в первую очередь в анатомических терминах. От страха и стыда, господствовавших в этой сфере жизни в мое время, почти не осталось и следа.

Но на духовную составляющую интимных отношений, которая так же важна, как и физическая, никто не обращал особого внимания. Она включает в себя посвящение супругов друг другу, желание вырастить хороших детей и их уважение к детям. Половое просвещение оставляет без внимания тот факт, что интимные взаимоотношения с супругом всегда были мощным источником вдохновения для поэтов, писателей, композиторов, архитекторов, художников, скульпторов, изобретателей. Забывая об этом, невозможно ни оценить по достоинству творения человеческого гения, ни понять историю их создания. Половое воспитание должно делать равный акцент на духовной и анатомической составляющей сексуальности.

Тринадцатилетний мальчик как-то сказал мне: «Секс — это совершенно нормальный инстинкт, он создан для удовольствия». В каком-то смысле это верно. Но человеческие существа пишут стихи, сочиняют музыку, рисуют картины, строят величественные здания, и важную роль в этом играет сублимированная (идеализированная) сексуальность. Кролики (у которых тоже есть «инстинкт») не обладают перечисленными способностями. Я полагаю, что утрата духовного, идеалистического компонента в половых отношениях несет частичную ответственность за увеличение числа подростковых беременностей, за тот грубый, животный взгляд на секс, которого придерживаются многие люди, который преобладает в кино и на телевидении, а также за эпидемию разводов.

Люди не могут жить без твердых духовных убеждений в широком смысле слова. Особую важность они приобретают в переходные периоды, такие как завершение подросткового периода и раннее взросление. Сегодня, к сожалению, достаточно много молодых людей, которые росли без каких-либо убеждений и теперь не знают, во что им верить. В результате некоторые из них живут в постоянной тревоге и готовы поверить во что угодно, лишь бы им стало легче. Из-за такой нестабильности и отсутствия убеждений сегодня подростки в четыре раза чаще кончают жизнь самоубийством, чем это было двадцать лет назад.

Повод для оптимизма

Я иногда спрашиваю себя, происходит ли в нашем обществе хоть что-то хорошее. И нахожу два повода для радости. Первый касается того, что люди женятся и выходят замуж позже, чем делали это раньше. И это хорошо, потому что хотя ранние браки и бывают успешными, но статистика свидетельствует: чем раньше вы женитесь, тем меньше у вас шансов на успех. Еще один повод для радости — более поздний возраст супругов, в котором они обзаводятся детьми. Раньше считалось, что следует обзаводиться детьми, когда вы молоды и полны сил. Но исследования говорят об обратном: многие молодые родители воспринимают детей как обузу. Те же, кому исполнилось или скоро исполнится тридцать, относятся к воспитанию детей более осознанно и добиваются лучших результатов. Хотя, конечно, многие молодые родители, которым помогают родные и знакомые, в состоянии вырастить эмоционально здоровых детей.

Я думаю, что с большинством наших проблем мы можем справиться, если перестанем их игнорировать и займемся активным поиском решений. Я говорю это, исходя из собственного опыта. Например, я был свидетелем настоящей революции в детском кормлении. Она произошла благодаря тому, что многие матери выступили против старомодных правил. И педиатрическое учение было изменено — жесткие расписания уступили место гибким, внимание к нуждам ребенка пришло на смену активному принуждению, а грудное кормление вновь получило широкое распространение.

Политическая активность также способна привести к изменениям, если только вы отстаиваете те истины, в которые твердо верите. Известно, что из-за упорства двух президентов, подстрекаемых заседающими в конгрессе милитаристами, война во Вьетнаме длилась долгие восемь лет. Но кто знает, сколько бы она еще продолжалась, если бы под настойчивым давлением массового, хорошо организованного движения за мир президент Линдон Джонсон не ушел в отставку и конгрессу не пришлось отказаться от военных действий.

Идеал служения

Я думаю, что, во-первых, нам надо сделать так, чтобы у наших детей был идеал служения, а во-вторых, родителям следует быть более политически грамотными и активными, если они хотят создать для своих отпрысков достойные условия для воспитания, близкие к идеальным.

Я убежден, что нам надо воспитывать детей с акцентом не на лидерстве, а на любви, служении, сотрудничестве, почтении, стремлении помогать другим.

Я не говорю, что им нужно читать проповеди и бранить их, ибо отношусь скептически как к первому, так и ко второму. Надо лишь регулярно предоставлять детям возможность начиная с двухлетнего возраста быть вам полезными.

Наблюдая за тем, как двухлетний малыш раскладывает на столе вилки или ложки, улыбнитесь, погладьте по головке и похвалите: «У тебя так хорошо получается! Очень скоро ты сможешь расставлять и тарелки». Маленькому ребенку очень приятно слышать, что он добивается успехов на пути к взрослению.

К пяти или шести годам, я думаю, дети должны иметь определенные обязанности по дому, с уважением относиться к родителям и их знакомым. Я помню, что в нашей семье все дети по достижении восьмилетнего возраста во время каникул сами стирали свою одежду (правда, я не знаю, насколько хорошо это у нас получалось) и прибирались у себя в комнатах.

К девяти или к десяти годам дети должны уметь, пользуясь пылесосом, убирать у себя в комнате и приводить в порядок свою постель. А в двенадцать они уже в состоянии подстригать лужайку, сгребать листья и мыть машину. Желательно, чтобы при этом присутствовал кто-нибудь из взрослых, который тактично напоминал бы детям об их обязанностях и сам принимал в этом участие.

Какой должна быть связь между исполнением обязанностей по дому и выдачей карманных денег? Некоторые родители дают детям деньги только тогда, когда те добросовестно исполняют свои обязанности. Но есть и родители, которые не ставят первое в зависимость от второго. И то, и другое правильно, я не вижу большой разницы между названными подходами. Но считаю, что если семья переживает небольшой кризис, то дети должны помогать родителям, не требуя за это никакой платы. Тем самым они демонстрируют, что являются полноправными членами семьи.

Всем подросткам, по-моему мнению, следует делать что-то полезное для общества, в котором они живут. Это может быть помощь детям, испытывающим трудности с учебой, или работа в больницах и других детских учреждениях. Таким образом, подростки не только учатся оказывать кому-то помощь, но и имеют возможность видеть, как много детей живет в тяжелых условиях и как доброта и отзывчивость способны изменить их жизнь.

В подростках меня больше всего удивляет то, что одни, когда родители представляют их своим друзьям, ведут себя вежливо и приветливо, а другие демонстрируют скуку, а порой даже враждебность (возможно, это только внешнее) и не произносят ни слова. Я понимаю, что подростки могут быть робкими, застенчивыми, а иногда они просто не осознают, какое впечатление производят на других. Но, я думаю, родители должны тактично им объяснить, как оценят их поведение взрослые.

Напомнив, что дети могут быть вежливыми и отзывчивыми, я хотел подчеркнуть, что родители вряд ли получат какую-нибудь пользу от резкого выговора и упреков. Они просто должны сохранять твердость и постоянство в своих советах по поводу того, как важно уметь произвести хорошее впечатление на других. Лучшим примером тут будут теплые, сердечные отношения друг с другом и с детьми.

Я считаю, что окончательно избавиться от соревновательности мы можем, только отказавшись от всех оценок в школе и колледже. Эта идея многим кажется шокирующей, но у меня есть хороший опыт преподавания в медицинской школе, отказавшейся от традиционного метода оценки знаний учащихся.

А если можно обходиться без оценок в медицинской школе, то в них тем более нет необходимости в начальной и средней школе. По моему мнению, оценки только вводят учеников и учителей в заблуждение. Они наводят детей на мысль, что те, кто получает высокие оценки, более умные и способные, а это, конечно, не всегда соответствует действительности. Мне как учителю кажется, что для того, чтобы получать хорошие оценки, нужна, во-первых, хорошая память и, во-вторых, следует принимать на веру то, что ученик слышит на уроках. Заблуждение же учителей заключается в том, что они думают, будто дети, имеющие лучшие оценки, талантливее остальных и поэтому в самостоятельной жизни их ждет больший успех. По-моему, в школах в первую очередь нужно подчеркивать то, насколько важна инициатива, способность принимать самостоятельные решения, чувство ответственности, стремление к творчеству. Нам следует отказаться от физических наказаний и от действий, унижающих достоинство детей. В Соединенных Штатах еще многое нужно сделать для того, чтобы стало меньше родителей, считающих, что если ребенка никогда не бить, то из него не получится человека. Это убеждение ошибочно, с чем, думаю, согласятся многие из вас. Я знаю десятки семей, в которых детей не только никогда не наказывали, но даже не ругали, и тем не менее они выросли исключительно вежливыми и дружелюбными. С раннего детства следует обращаться с детьми так, как со взрослыми. Проявляйте к ним уважение, обращайтесь за помощью и тогда можете рассчитывать на их почтительное отношение к себе.

Почему в ранних изданиях книги «Ребенок и уход за ним» я не упоминал о телесных наказаниях? Мне было известно, что очень многие родители считают такие наказания совершенно необходимыми, но я, как профессионал, полагал, что не имею права их критиковать и говорить им: «Вы не знаете, как нужно воспитывать ваших детей, а я знаю. Поэтому слушайте меня внимательно». Но сейчас, приобретя больше опыта, осмелюсь утверждать, что лучше воспитывать ребенка так, чтобы он чувствовал: я делаю то или это из любви к родителям и потому что хочу получить от них ответную любовь, а не потому, что боюсь наказания с их стороны.

Излишне говорить, что я категорически против того, чтобы дети видели насилие в кино и на телевидении. То же касается и откровенных сексуальных сцен. Наиболее конструктивными я считаю действия родителей, которые требуют от рекламодателей, чтобы те показывали то, что принесет детям пользу. Нет более мощного образовательного средства, чем телевидение. Очень прискорбно, что оно используется для пропаганды насилия и рекламы продуктов питания, которые нарушают процесс пищеварения и наносят вред зубам. Во многих странах существует большое количество детских телепередач, у нас же есть всего несколько программ для дошкольников и совсем нет передач для детей старшего возраста. Это заставляет их смотреть по телевидению программы со сценами насилия и всякий вздор.

Еще одна сфера, требующая от нас политической активности, — это вопросы, касающиеся ухода за детьми. Здесь мы наблюдаем довольно противоречивую картину. Родители, как правило, озабочены тем, чтобы их дети могли брать уроки музыки и танцев, посещать стоматолога или получать положенные им подарки на праздники и дни рождения. Но когда речь заходит о необходимости принять участие в политической борьбе за права детей — за медицинскую помощь для всех, за качественный уход в яслях и детских садах, хорошие школы для детей из бедных районов, за достойные условия проживания, современные реабилитационные центры для детей, ставших жертвами домашнего насилия, — то американцы проявляют куда меньше сознательности и чувства гражданского долга, чем жители многих других развитых стран. Дорого стоят, например, образовательные и социальные программы для детей и родителей, разработанные в Скандинавии.

В действительности, как известно, только половина граждан США, имеющих право голоса, принимают участие в выборах. И мне кажется, что некоторые делают выбор в пользу того или иного кандидата потому, что у него более приятная улыбка, а не из-за уверенности в его стремлении бороться за нужды американских семей. Когда вам кажется, что какой-то кандидат неизвестен широкому кругу людей, то можете организовать политическое собрание в клубе, школе или приходском здании, на котором он получит возможность высказаться. Если, по вашему мнению, никто из кандидатов в конгрессмены не собирается решать проблемы семьи, вы имеете право выдвинуть альтернативного кандидата, поддерживая его всеми доступными способами. Если вы соберете достаточное количество голосов в его пользу, у него будут хорошие шансы на победу.

После избрания кандидата, будь то кандидат в члены конгресса или в представители местной власти, перед вами открывается целый ряд возможностей. Вы можете писать письма, что, по мнению всех чиновников, является действенным средством. Пишите всякий раз, когда у вас возникают проблемы, — хоть каждый месяц. Вы можете собрать небольшую группу единомышленников и организовать митинг перед офисом вашего ставленника, направлять письма редактору местной газеты. Не каждый решится совершить акт гражданского неповиновения, особенно если в нем участвуют известные граждане или представители духовенства, но это привлекает гораздо больше внимания СМИ, чем простая демонстрация.

Главное не то, какой вид политической деятельности вы изберете, — лишь бы он соответствовал вашим чувствам и убеждениям, — но как часто и настойчиво вы будете к нему прибегать.

На протяжении всего детства мы наблюдали за своими родителями и старались во всем им подражать. Это не означает, что все родители должны быть идеальны, но им следует уважать друг друга и своих друзей, открыто демонстрировать свои полезные действия и убеждения, причем не только за обеденным столом, но и в своем отношении к семье и друзьям. А также к другим жителям города, нации и миру в целом. Детям важно видеть положительные качества родителей — их великодушие, терпимость, любовь и труд во благо других людей. Но самое главное для родителей — это выражение их любви к своим детям не только на словах, но и в крепких объятиях.

Я оптимист или пессимист? Это зависит от того, хотят ли родители отвечать на вызовы современного мира. Если да, то мы можем построить лучшее общество.

Дети и религия

Я считаю, что все дети рождаются со склонностью к религиозности и духовности. Все начинается с их глубокой любви к родителям в раннем детстве. Эта любовь связана с зависимостью — оставаясь одни, они начинают волноваться. Их восхищение родителями достигает невероятной силы — в их глазах они самые красивые, мудрые и могущественные люди на земле. Дети хотят помогать своим родителям, делать им подарки. Они мечтают быстрее вырасти, чтобы стать похожими на своих родителей, и тратят много времени на то, чтобы подражать им. Дети боятся их неодобрения и верят в Бога потому, что этого хотят родители. Бог кажется им кем-то вроде дедушки. То, будут ли дети воспринимать Бога, в первую очередь как порицающего или одобряющего, во многом зависит от их родителей.

Когда ребенку исполняется шесть или семь лет, он уже тратит меньше времени на то, чтобы подражать родителям. Дети в таком возрасте начинают уделять много внимания другим мальчикам и девочкам и хотят быть похожими на них. Им интересно слушать рассказы об известных людях, таких, например, как полицейский, мэр, президент или Бог. В религиозной семье (а большинство американских семей хотя бы номинально религиозны) дети чувствуют то же уважение, любовь и трепет, которые их родители, священники и учителя воскресной школы испытывают к Богу.

И многие из чувств, которые прежде были связаны только с родителями, теперь переносятся на Бога. В первую очередь дети испытывают уважение к его авторитету и в меньшей степени любовь. Им интересно узнавать, что такое рай и ад, а также о том, почему их родители верят или не верят в Бога.

Если родители не могут дать детям много любви и не в состоянии привить им религиозные чувства, то их отпрыски вряд ли будут иметь религиозные убеждения и высокие нравственные качества.

С подростками дела обстоят сложнее. Они находятся на том этапе развития, когда их чувства к другим людям становятся очень сильными. У них могут развиться определенные чувства к взрослым — к тем, кого они лично знают, либо к какой-нибудь известной личности. В этом возрасте приходит первая любовь. Некоторые становятся глубоко религиозными. Другие, следуя импульсу протеста, отказываются посещать церкви или синагоги, в которые ходят их родители. Годы спустя они способны вернуться к религии, а могут оставаться агностиками или атеистами. Отчасти это будет зависеть от того, сохранятся ли у них хорошие отношения с родителями или нет.

Я бы назвал счастливыми тех детей, которые родились в семье, исповедующей определенную религию или строго придерживающейся нравственных принципов. Эта религия или принципы дадут детям чувство защищенности, помогут найти ответы на многие вопросы, покажут, что именно от них ждут общество и единоверцы. Если религия или духовные ценности их семьи учат любви, щедрости, терпимости и пониманию, то эти качества помогут им стать более зрелыми, научиться делать счастливыми других и самих себя. Я говорю «если», так как исследования показывают, что принадлежность к некоторым религиозным конфессиям способствует развитию нетерпимости и враждебности по отношению к тем, кто принадлежит к иным конфессиям или вообще отрицает религию.

Я считаю, что детям и подросткам полезно посещать воскресную школу, изучать Библию и петь церковные гимны; понимать, что христиане, евреи и мусульмане подразумевают под Богом, грехом, спасением и прощением; размышлять по поводу эволюции своих взглядов; и если они решат присоединиться к церкви или синагоге, ощущать себя частью мощного религиозного движения, которое существовало на протяжении столетий и объединяло миллионы людей. По моему мнению, родители должны поощрять посещение воскресной школы их детьми, даже если они сами не ходят в церковь или не верят в Бога. В конце концов, это нужно их детям хотя бы для расширения кругозора.

Дети, не достигшие подросткового возраста, вряд ли откажутся от посещения церкви или храма вместе с родителями; они будут ценить ту воскресную школу, которую выбрали для них взрослые или которую посещают их друзья.

Что касается подросткового возраста, то родители, чьи дети по-прежнему прислушиваются к их словам, могут проявить настойчивость и всячески побуждать своих детей к посещению церкви или синагоги. Но если ребенок стал непослушным, то родители совершили бы ошибку, навязывая ему свои взгляды. Так они, скорее всего, добились бы только того, что он окончательно утратит веру.

В начале обсуждения этой проблемы я отметил, что дети имеют естественную склонность к духовности и религии.

Я имел в виду следующее: если родители не принадлежат к религиозной конфессии, но у них высокая духовность — глубокая любовь друг к другу и детям, честность с коллегами, терпимость к тем, кто исповедует другие взгляды, щедрость и великодушие к тем, кто попал в беду, — то их дети, благодаря любви, восхищению и отождествлению себя с родителями, естественным образом усваивают эти духовные качества. В младшем школьном возрасте они начнут уделять больше внимания своим друзьям, однако будут выбирать их из детей, у которых те же идеалы, что и у них. В подростковом возрасте их ориентация на людей из внешнего мира (героев, кумиров и т. д.) только усиливается.

Содержит ли молитва в себе какие-нибудь ценности? Определенно да, и подросток уже может понять, каковы эти ценности, особенно если он сочиняет молитву сам. Она поможет ему осознать свои тревоги, вину или потребности, приблизит к Богу и принесет утешение.

Волонтерская и благотворительная деятельность

Должны ли родители вовлекать детей в решение локальных и всемирных проблем? Естественно, дети слышат рассказы о благотворительных миссиях от священников и учителей воскресных школ. Наша окружающая среда в опасности: ей угрожают кислотные дожди, разливы нефти, смог, глобальное потепление климата, которые приводят к парниковому эффекту, накоплению мусора и вредных веществ.

В мире очень много бедных людей, живущих в полуразрушенных домах, а также тех, у кого и вовсе нет крыши над головой. По телевизору мы смотрим передачи о том, как в других странах от голода гибнут взрослые и дети (иногда из подобных телепередач узнаем и о случаях голода и недоедания в нашей стране). Каждый день по телевизору рассказывают о войнах на Ближнем Востоке, в странах Африки и Юго-Восточной Азии. Набирает обороты эпидемия СПИДа, от которого не застрахованы даже маленькие дети. Среди малообеспеченных слоев населения процветает наркомания, наносящая вред здоровью тысяч новорожденных.

Наши дети узн*ают* об этих бедах из телевизионных новостей, газетных статей и разговоров родителей или других ребят. Дети постарше любят пугать маленьких разными правдивыми и вымышленными историями. В общем, невозможно отгородить детей от проблем, существующих в нашем мире. Если они задают взрослым вопросы о тех или иных социальных и природных бедствиях, значит, они действительно обеспокоены. В 1960-х годах мы раздали детям школьного возраста несколько вопросников. Так вот, ответы на вопросы свидетельствовали о том, что дети гораздо больше родителей обеспокоены угрозой атомной войны. Дети остро чувствовали сострадание к жертвам войн и боялись, что война может разрушить и их собственную жизнь.

Я думаю, родители поступят мудро, если решат обсудить с детьми те проблемы, в отношении которых дети проявляют прямой или косвенный интерес. Родители должны быть готовы к тому, что им придется ненавязчиво, осторожно корректировать мысли своих детей, ибо в их мыслях может содержаться немало искажений и преувеличений. Также я не считаю нужным рассказывать детям о тех трагедиях, о которых они пока не знают.

От родителей требуется показать своим чадам, что большинство мировых проблем могут быть решены хотя бы частично. Это поможет детям лучше справляться с беспокойством. Оно присуще нам, чтобы побуждать нас к действию, — как только мы начинаем действовать, беспокойство уменьшается. Главная задача родителей состоит не в том, чтобы оградить детей от излишнего беспокойства по поводу мировых проблем, а в том, чтобы показать, что у каждой проблемы есть решение.

Родители и учителя несут ответственность за то, чтобы дети твердо усвоили основополагающее убеждение: мы пришли в этот мир не только чтобы реализовать себя, но и чтобы сделать его более пригодным для жизни. Это убеждение должно присутствовать у всех детей независимо от того, станут они учителями, медиками или социальными работниками либо пойдут в бизнес и индустрию. Я говорю так потому, что наша страна и наш мир находятся в большой опасности, и ситуация с каждым годом становится все хуже. В экономике возникают серьезные проблемы, рабочий класс беднеет. Увеличивается количество бездомных. Многие матери вынуждены устраиваться на работу, и дети нередко лишены надлежащего ухода из-за недостатка хороших детских садов. Все больше становится людей, употребляющих наркотики. Сегодня, как никогда, часты случаи подростковой беременности. Проблема дискриминации до сих пор не утратила своей актуальности. Домашнее насилие и убийство родных и близких людей стали привычным явлением. Наш мир погибнет, если будущие поколения в полной мере не осознают стоящие перед ними проблемы и не будут готовы посвятить себя их решению.

Если родители не хотят, чтобы их дети пассивно наблюдали за тем, как гибнет их страна, они сами должны занимать активную гражданскую позицию и показывать пример подрастающему поколению.

В возрасте между тремя и шестью годами дети наблюдают за поведением родителей больше всего времени: они копируют их манеру речи, походку, подражают их ежедневным занятиям и даже перенимают их интересы в той мере, в какой способны их осознать. В период обучения в начальной школе склонность детей к подражанию родителям ослабевает, но на них по-прежнему оказывают значительное влияние фундаментальные убеждения родителей. В подростковом возрасте сила чувств заметно увеличивается. Подростки стремятся соответствовать требованиям друзей, чтобы чувствовать себя своими людьми в их компании. Поэтому велика вероятность того, что они восстанут против некоторых убеждений и стандартов, которыми руководствуются их родители. Но в двадцать лет кое-кто из молодых людей часто возвращается к идеалам родителей, несмотря на возможные различия в каких-то деталях. Во время этих возрастных периодов родители могут свободно обсуждать с детьми свои убеждения, но при этом не должны позволять себе говорить таким тоном, будто сообщают подросткам истину в последней инстанции, и уж тем более не должны ожидать от них согласия на том основании, что младшие просто обязаны слушать старших. Подростки часто интересуются взглядами родителей, хотя обычно стараются этого не показывать. Они сопротивляются любому усилию родителей навязывать им свои взгляды, не терпят снисходительного тона и не любят слишком продолжительных разговоров. Если родители пренебрегают этими правилами, не исключено, что их дети-тинейджеры начнут испытывать отвращение к их взглядам и уже вряд ли к ним вернутся по достижении двадцати- или двадцатипятилетнего возраста.

Действия родителей оказывают значительно большее влияние, чем слова.

Дети восхищаются родителями, когда те ведут активный образ жизни: серьезно относятся к участию в выборах, пишут письма, отправляют e-mail или звонят президенту, губернатору и другим чиновникам, обращаются в редакции местных газет или организуют группу единомышленников, чтобы провести митинг у здания местной администрации.

Я думаю, что детям, особенно если они взволнованы той или иной угрозой здоровью и безопасности, будет полезно и интересно принять участие в написании писем президенту, сенаторам, их представителям, губернатору или мэру — в общем, всем, кого это может касаться. Это позволяет детям думать, что они предпринимают меры, которые могут изменить ситуацию к лучшему. И довольно часто письмо ребенка искреннее и убедительнее, чем письмо взрослого человека. Если родители являются активистами и принимают участие в пикетах, демонстрациях и дети хотят присоединиться к ним, то, очевидно, это уменьшит их беспокойство, послужит формированию прочной гражданской позиции и в итоге принесет пользу их стране. Однако некоторые школьники и многие подростки слишком робкие для того, чтобы идти против мнения большинства. И в этом случае я не рекомендовал бы оказывать на них какое-либо давление.

С самого раннего возраста нужно развивать в ребенке духовность, учить детей быть заботливыми, щедрыми, побуждать их к оказанию помощи по дому (как я уже упоминал, даже двухлетние дети могут разложить на столе ложки, вилки). А когда они вступят в подростковый возраст, напоминать им о важности заняться волонтерской работой (посещать больных, бездомных и т. д.).

Сцены насилия в новостях, кино и по телевидению

Заголовки газет и анонсы теленовостей буквально пестрят различными «ужастиками». Разбиваются пассажирские самолеты, тела погибших буквально устилают место катастрофы... Психически больной человек открывает стрельбу в ресторане, в результате чего гибнут взрослые и дети. Другой ненормальный стреляет по детям прямо в школе.

Дети, в зависимости от своего возраста и чувствительности, будут по-разному реагировать на сообщения о подобных трагедиях. Дети младшего и среднего школьного возраста, когда слышат плохую новость, обычно расстраиваются меньше, чем малыши трех — пяти лет. Очевидно, это связано с интересом школьников к комиксам и играм, содержащим элементы насилия, к которому у них вырабатывается частичное привыкание.

Подростки, безусловно, хорошо знакомы с темными сторонами жизни и, более того, даже гордятся такими знаниями. Итак, даже если сперва они бывают шокированы каким-то неприятным происшествием, то пытаются как можно быстрее встроить его в картину мира, сформировавшуюся у них на тот момент, и поэтому ведут себя так, как будто они знали об этом всю свою жизнь.

В противоположность им дети, не достигшие шести лет, отличаются гораздо более высокой чувствительностью. Они мало знают о том, что происходит во внешнем мире, за пределами их семьи, поэтому у них нет нужных критериев оценки необычных происшествий. Их чувства еще «сырые», поэтому малыши и принимают все происходящее близко к сердцу, — они еще во многом беззащитны.

И значительно чаще, чем дети старшего возраста, младшие ребятишки как бы примеривают к себе те обстоятельства, в которые попали другие люди. Я живо помню, как мой четырехлетний сын с ужасом смотрел на фотографию в газете: на ней была изображена голова человека, выглядывавшая из-за старого аппарата для искусственного дыхания. Я пытался объяснить сыну, что человек не мог самостоятельно дышать сам по себе, и машина делала это за него, как вдруг он схватился за горло и в ужасе прошептал: «Я не могу дышать!»

Маленькие дети из-за своей невинности и силы воображения при просмотре мультиков способны испытать такой же шок, как и во время телепередачи об извержении вулкана или землетрясении.

Помимо возраста существует еще один фактор — индивидуальная чувствительность. Сейчас доктора называют это темпераментом. Он представляет собой тот способ, которым мозг воздействует на наши эмоции, когда мы сталкиваемся с новыми ситуациями. Я знал детей, не достигших возраста одного года, которые находились в постоянной тревоге, — у них было слегка испуганное выражение лица, даже когда в их жизни все было нормально. Когда же их что-то расстраивало, или, например, их облаяла собака, они впадали в панику. В три года такие дети испытывали страх перед темнотой или перед незнакомыми людьми. Эти очень чувствительные, робкие и боязливые дети острее других переживают сцены насилия, показываемые в телевизионных новостях. На другом полюсе находятся маленькие дети, которые без страха подходят к незнакомым людям, животным или приближаются к странным, шумным машинам с выражением счастливой любознательности на лицах.

Некоторые дети, достигшие школьного или подросткового возраста, также легко способны впадать в беспокойство. Монстры из фильма могут «преследовать» их на протяжении нескольких недель; если такие дети в толпе потеряют родителя, то, скорее всего, сразу начнут паниковать. Услышав по телевизору о случае похищения детей, они представляют себя на месте этих несчастных; в любом человеке слегка необычного вида они видят злоумышленника, который хочет их похитить.

Приносит ли вред детям, которым свойственна или же нет высокая чувствительность, просмотр сцен насилия по телевизору? Очевидно, что существует два типа вреда. Первый касается боязливых детей, чей страх из-за просмотра пугающих репортажей и сцен усиливается. Второй вид вреда имеет отношение к более многочисленной группе детей, обладающих нейтральным темпераментом, которые станут менее чувствительны к насилию. Они начнут ощущать, что в этом нет ничего плохого, что насилие нормально. Это даст им моральное право вступать в драки и избивать членов своих семей. Дети, чьи родители не заботились о привитии им нравственных норм и духовных идеалов, способны под влиянием насилия на телеэкране совершать преступления, вплоть до убийства.

Как вы можете оградить детей от вредного влияния, которое оказывает на них просмотр сцен насилия в теленовостях или в других передачах? Думаю, что вам следует запретить детям смотреть такие сцены. Раз в несколько дней проверяйте, выполняется ли ваше правило. Так как при просмотре новостей сложно определить, в какой момент может «выскочить» насилие, я полагаю, что малышам и детям младшего школьного возраста надо просто запретить смотреть подобные передачи по ТВ, если, конечно, та или иная программа не носит чисто образовательного характера.

«Но, — возразите вы, — разве дети не должны быть в курсе того, что происходит в мире?» Это так, но только в том случае, когда речь идет о подростках. Дети младшего возраста навряд ли составят адекватную картину мира на основе телевизионных новостей. Если же вашим детям действительно интересно, что показывают в новостях, вы можете пойти на компромисс и смотреть телевизор вместе с ними. При появлении сцен насилия попытайтесь сделать так, чтобы они не шокировали детей, объясните им показанные сюжеты.

Если бы мой ребенок спросил меня, возможно ли, что он подвергнется нападению со стороны родственников, я бы не колеблясь сказал «нет», это совершенно исключено.

Когда дети, увидёв что-то страшное, начинают сильно волноваться, самое лучшее, что могут сделать родители, — это попросить их рассказать, что именно они увидели, из-за чего, по их мнению, это произошло и, как они думают, может ли такое случиться с ними. То есть сначала следует вывести все страхи ребенка на поверхность, а затем успокоить его. Я говорю это потому, что мягкосердечные родители обычно сразу же начинают успокаивать ребенка, имея лишь приблизительное представление о том, что его напугало. Такое поведение часто не достигает цели, и страхи, не получившие объяснения, продолжают преследовать ребенка. Родителям порой трудно представить, чего именно боятся их дети, потому что эти страхи нередко носят причудливый характер.

Я вспоминаю исследование, изучавшее состояние детей, которые ожидали удаления миндалин. Многие из них думали, что предстоящая операция — это наказание за непослушание: они слишком часто простужались, потому что не надевали перчатки, куртки и галоши в холодную погоду. Девочка, которую перевели в другую палату, была в отчаянии, так как боялась, что родители не найдут ее, когда придет время забирать ее домой. Один мальчик был уверен, что во время операции хирург разрезает горло от уха до уха, откидывает голову назад, как крышку кофейника, просовывает руку в образовавшуюся рану и вырывает миндалины. В подобных случаях родители, пытаясь утешить ребенка, не узнав, чем вызваны его страхи, не добивались желаемого результата.

Даже наблюдая за сценами конфликтов, не содержащих в себе эксплицитного насилия, дети могут испытывать тревогу. Дело в том, что они склонны отождествлять себя с людьми, которые выступают в роли жертв: дети идентифицируют себя с политическими демонстрантами, которых сдерживает полиция, или с рабочими, бастующими потому, что им уже несколько месяцев не платят зарплату. В таких репортажах насилие присутствует в скрытой форме.

Было подсчитано, что три четверти времени, которое дети проводят у телеэкранов, приходится на прайм-тайм. И здесь вам нужно быть особенно бдительными. Почему многие родители позволяют своим детям смотреть жестокие сцены насилия, которые показывают не только по телевидению, но и в кино? Я задаю этот вопрос, так как убежден, что подобный способ времяпрепровождения наносит большой вред детям.

Пятьдесят лет назад — в то время я только начинал врачебную практику — мое отношение к этому было другим. Когда мать, выступавшая против насилия, выражала свое беспокойство тем, что ее дети играли с пистолетами и слушали рассказ о насилии по радио (тогда еще не было телевидения), я лишь посмеивался про себя: « Неужели она думает, что игра «в войнушку» превратит ее детей в преступников?» Я ей объяснял, что игры с элементами насилия совершенно естественны в возрасте от трех до двенадцати лет.

Но после разговора с одним воспитателем детского сада, имевшим огромный опыт общения с детьми, я стал сомневаться в правильности своей позиции. Воспитатель рассказал мне, что после того, как телепередача «Три бездельника»* начала пользоваться популярностью среди детей, участились случаи немотивированного на-

* Название телевизионного сериала в жанре «slapstick», который основан на нагромождении комичных ситуаций, драк, погонь и невероятных трюков. — *Прим. перев.*

силия. Он утверждал: нельзя просто так, ни за что ни про что, взять и ударить ребенка. А ведь на лице обидчика вы не заметите и следа сожаления или раскаяния — он просто с возмущением скажет: «А три бездельника тоже так делают!» После рассказа воспитателя я с ужасом осознал, что дети — особенно маленькие — с одинаковой готовностью будут копировать и хорошее и плохое. Ведь все, что делают взрослые, — это правильно!

Исследование, в центре внимания которого находились семьи, где жестоко обращались с детьми, демонстрирует нам еще один пример насилия, усваиваемого с самого раннего возраста. В подавляющем большинстве случаев родители, склонные причинять физический вред своим малышам, сами в детстве были жертвами домашнего насилия. Оно и запечатлелось в их сознании как норма родительского поведения.

В последние годы появился целый ряд психологических исследований и наблюдений, которые доказали: когда дети являются свидетелями насилия, это притупляет и огрубляет их чувства. Я имею в виду, что мальчики и девочки, которых воспитывали чуткие и доброжелательные родители, увидев, как один человек причиняет вред другому, сначала будут шокированы. Но если они постоянно набюдают такие сцены, то постепенно научатся перешагивать через ужас, и насилие станет для них нормой, то есть их чувства как бы омертвевают и у них пропадет эмоциональный отклик на насилие.

Было подсчитано, что средний ребенок до достижения совершеннолетия становится свидетелем восемнадцати тысяч «телевизионных убийств». Безусловно, это сильно трансформирует восприятие им сцен жестокости и насилия. Конечно, вовсе не обязательно, что ребенок, воспитанный в хорошей семье, насмотревшись насилия в кино и по телевизору, станет преступником. Но каждый, независимо от степени его чувствительности, после просмотра такого количества убийств станет гораздо равнодушнее относиться к жестокости.

Я думаю, что развитие терпимости к насилию особенно нежелательно для детей. Ведь в мире уже и так каждый год регистрируется невероятно большое число убийств, изнасилований, случаев домашнего насилия. И тем не менее благодаря влиянию демонстрируемого по телевидению насилия мы деградируем все больше и больше.

Учитывая эти обстоятельства, теле- и кинопродюсеры поступают крайне безответственно, запуская в эфир так много фильмов с эксплицитным насилием. Один из последних примеров, вызвавших у меня беспокойство, — это фильмы о Рембо, эдаком задире, обладающем стальной мускулатурой и смертельным оружием, который навязывает всем свою волю. Многие мальчишки от него просто в восторге.

Ученые, исследовавшие воздействие на психику насилия, которое можно увидеть в телепередачах, пришли к однозначному выводу: просмотр сцен насилия наносит детям большой вред. Такое же заключение сделал и главный врач Государственной службы здравоохранения.

Должны быть причины, по которым многие родители разрешают детям смотреть сцены насилие, несмотря на давно доказанный вред такого просмотра. Возможно, некоторые взрослые ничего не слышали о выводе, который сделали ученые. Другие, наверное, воспринимают их слова скептически, потому что не видят большой разницы в поведении своих детей сегодня и, скажем, неделю назад. Но это потому, что потеря чувствительности и эмоциональное омертвение происходят постепенно.

Однако, как мне кажется, большинство родителей при мысли о том, что каждый день им придется контролировать времяпрепровождение своих детей, просто решают оставить все как есть, ничего не меняя. Они также представляют себе, как дети начнут требовать подарки и привилегии за отказ от просмотра телепередач. Всем известно, какая это мука, особенно если родители проявляют признаки колебания.

Теперь давайте поговорим о том, как родители могут добиться транслирования менее вредных для психики детей фильмов и телепередач. Они должны оказывать давление на местные телеканалы и кинотеатры, на телевизионные сети и рекламодателей. И цель этого — не просто запретить насилие, а отдать освободившееся время программам и фильмам конструктивного содержания. В других странах по телеканалам транслируется большое количество передач для детей всех возрастов, и я не вижу причин, по которым у самой богатой нации в мире должны быть худшие показатели. Нужно выпускать в эфир больше фильмов о путешествиях, о том, как живут люди в других частях света, о природе или приключениях. Они гораздо более увлекательны, чем фильмы со сценами насилия.

Но если вы будете действовать в одиночку, то ни руководители телеканалов, ни директора кинотеатров, ни рекламодатели не обратят на вас никакого внимания. Организуйте группу, состоящую как минимум из двадцати человек, и дайте ей какое-нибудь броское название, которое будет лучше всего отражать ваши цели. И действуйте!

И все-таки, как родителям следует поступать с телепередачами, которые транслируются сегодня? По моему глубокому убеждению, нужно запретить детям смотреть все передачи с элементами насилия, жестокости и секса. Это означает, что прежде всего родители должны внимательно следить за тем, что смотрят их дети. Во-вторых, если уж запрещать, то запрещать полностью. Не имеет смысла ограничивать просмотр, например, только по понедельникам и средам, снимая ограничения во вторник, четверг и пятницу (либо не снимая, а просто «не замечая», что дети смотрят телевизор, чтобы не вступать с ними в спор).

Если родители твердо уверены, что нечто причиняет ущерб психике их детей, то они не будут колебаться. Но если у них не хватит решимости, дети сразу это поймут и попытаются с помощью споров, настойчивости или подхалимства добиться от родителей того, что им нужно.

Но как быть с детьми, которые знают, что вечером их родители заняты, например, приготовлением ужина, и украдкой успевают посмотреть одну из запрещенных передач? Некоторым детям удается отправиться к друзьям как раз тогда, когда по телевизору показывают популярный фильм или передачу. А другим и ходить никуда не надо, потому что их родители возвращаются домой поздно вечером. В подобных ситуациях я предложил бы следующее.

Если родители пользуются уважением со стороны детей и могут их контролировать, то установленные ими правила обычно будут соблюдаться, даже если они сами находятся вне дома. Но чтобы убедиться, не нарушают ли дети запрет, вы можете, например, на минутку во время приготовления ужина выглянуть из кухни или позвонить домой, если еще находитесь на работе.

А как быть с насилием в мультиках, особенно в тех, которые транслируются все субботнее утро, а также в комиксах? Я бы не разрешал ребенку, не достигшему, скажем, шести лет, смотреть ни то, ни другое. В этом возрасте дети еще не видят всей разницы между вымыслом и реальностью, поэтому насилие в комиксах пугает их не меньше, чем в реальной жизни.

Достигнув шести–семилетнего возраста, дети начинают понимать, что комиксы и мультики суть всего лишь творения художников. Тем не менее нельзя сказать, что их просмотр приносит детям пользу. В любом случае усиливается терпимость детей к насилию: недаром грубость одного рисованного персонажа по отношению к другому вызывает у них скорее смех, нежели сочувствие.

Даже если ребенку уже исполнилось шесть лет, я бы порекомендовал родителям запретить ему просмотр телепрограмм, в которых одни актеры совершают насилие над другими: бьют, стреляют и т. д. Игра актеров порой бывает настолько убедительной, что первое время на все происходящее на экране нельзя не реагировать без ужаса, а затем маленькие зрители постепенно привыкают к насилию как к стандартному человеческому поведению.

2

СЕМЬЯ

Меняющиеся представления о семье

Я с сожалением наблюдаю за тем, как в глазах американцев семья приобретает все меньшее значение. Требования, которые предъявляют нам учеба и работа, повышенная мобильность нашего общества, материализм взглядов и слабость религиозных убеждений — все это ослабляет связь между поколениями. Например, многим семьям пришлось отказаться от некогда незыблемой традиции ужинать в домашнем кругу. Перегруженные работой отцы и матери теряют контакт со своими детьми и друг с другом. Наконец, у членов семьи так много занятий вне дома, что у них не остается времени друг для друга. Я боюсь, что из-за этого дети лишены той близости со своими родителями, которая им необходима, и поэтому чувствуют себя менее защищенными.

Эти изменения в отношениях между родителями и детьми вызваны рядом причин, но главной я бы назвал следующую: американские родители относятся к работе более серьезно, чем к семье.

И именно в этом нужно изменить наше мышление. Как родители мы должны усвоить, что семья стоит на первом месте, и дать понять нашим детям, что ничего более важного, чем они, у нас нет.

Даже встрече с друзьями и участию в различных культурных мероприятиях следует придавать большее значение, чем работе, потому что они облагораживают нас и показывают детям, что самое важное в жизни. Нет смысла спорить о том, должен ли был Эйнштейн отдавать приоритет своей работе. Я лишь хочу сказать, что когда родители должны заниматься воспитанием ребенка, им следует отодвинуть карьеру на второй план, а семью поставить на первый. Конечно, вы можете возразить, что на словах это просто, но, я думаю, родители должны принести в жертву все, чтобы это осуществить. Возможно, им придется смириться с тем, что их доходы несколько лет будут меньше или им придется на время отложить осуществление своих проектов.

Если родители предполагают оставаться дома вместе с детьми, а не зарабатывать деньги, то государство или работодатели должны предоставить им пособие. Родителям, которые сами воспитывают своих детей, нет смысла платить деньги кому-то еще. Конечно, большинство из нас вынуждено работать. И в таком случае самая главная задача для родителей — это поиск лучшего ухода за детьми на то время, пока они заняты на работе. Детских садов с высоким уровнем обслуживания мало и они очень дорогие. В обычных садах воспитатели получают мизерную зарплату, так что, устраиваясь туда на работу, они сами приносят жертву. Необходимо повысить оплату труда, но семьи, имеющие маленький доход, не могут позволить себе платить больше за пребывание ребенка в саду. На самом деле эти расходы должны брать на себя правительство и индустрия, как это происходит во многих европейских странах.

Как нация мы должны признать, что низкокачественный уход за детьми представляет серьезную проблему, и ребенок никогда не оправится от недостатка тепла и любви. Я думаю, в будущем нам придется заплатить дорогую цену за такие пробелы в воспитании. Мы заплатим за них отсутствием у детей чувства защищенности и значительным ростом преступности. Нам необходимо очень тщательно подбирать людей, которые собираются ухаживать за детьми, и давать им хорошее образование. Они должны понимать, что дети больше всего нуждаются не в контроле и дисциплине, а в поощрении и доброте. Работать в детских садах должны те, кто действительно любит детей.

Проработав шестьдесят пять лет педиатром, я могу констатировать, что сегодня американская семья сильно отличается от той, какой она была раньше. Одно из главных изменений касается того, что около четверти американских детей в наше время живут в семьях, которые шестьдесят пять лет назад назвали бы нетрадиционными. Я имею в виду жизнь с разведенными родителями — с мачехами или отчимами, с родителями, состоящими в гражданском браке, или с родителями нетрадиционной сексуальной ориентации.

Тот образец семьи, который мы имели в 1950-х годах, был господствующим на протяжении продолжительного времени, и некоторым людям до сих пор трудно принять, что семья может состоять не только из двух родителей и их детей. Люди говорят о семейных ценностях и нередко проводят параллель между ними и традиционной семьей. Но устройство семьи не так важно, как ценности, которые родители передают детям. Три последних тенденции проиллюстрируют, какое влияние названные перемены оказали на все семьи независимо от их состава.

Нерешительность

То, что я называю родительской нерешительностью, стало самой серьезной проблемой в воспитании детей. Некоторым родителям свойственна недостаточная твердость в обращении с детьми. Точно так же они неохотно соглашаются обсуждать и прояснять свои убеждения по таким важным вопросам, как человеческие взаимоотношения и жизненные цели.

Для многих родителей понятие дисциплины окрашено в черно-белые тона: или в обращении с ребенком ты проявляешь себя как суровый деспот, или над тобой берет верх твой отпрыск. Но существуют и другие возможности. Чтобы побудить ребенка к оказанию помощи, не нужно быть строгим, суровым или прибегать к телесным наказаниям. Вы можете быть дружелюбным, понимающим родителем и в то же время прекрасно осознавать: даже если ребенок сопротивляется, это не значит, что вы должны ему потакать, откладывая, например отход ко сну или прием пищи. Твердость обозначает лишь понимание того, что важно для вашего ребенка, и последовательное воплощение этого понимания в жизнь. Необходимо, чтобы родитель был лидером и всегда давал ребенку понять, чего от него ожидают.

Половое просвещение

Когда речь заходит о необходимости полового просвещения, задача родителей становится еще более трудной. Желая ответить на вопросы детей как можно более открыто, многие родители не понимают, как именно нужно сообщать ребенку о своих ценностях.

И дети, которые так много слышат обо всем по телевизору и от других людей, не всегда знают, кому или чему верить. По-моему, это хорошо, что можно говорить о сексе, и родители больше не пугают своих детей и не заставляют их чувствовать себя виноватыми. Но мне кажется, что, переходя от привития чувства вины к разговорам о том, что секс это нормальное, положительное явление, мы описываем его почти исключительно в анатомических или физиологических терминах. Возможно, половая жизнь кроликов и содержит в себе чисто физиологические аспекты, но человеческая сексуальность — это удивительно тонкое и многогранное явление.

С ранних лет родители должны быть готовы отвечать своим детям на вопросы, касающиеся секса. Но нельзя сводить все обсуждение к одной физиологии, нужно говорить им об интимных отношениях в более широком контексте. Например, что это одна из важных причин того, что люди решают пожениться и обзавестись детьми. Самое важное в сексе — это его вклад в нашу эмоциональную, культурную и духовную жизнь. Так что, обсуждая с детьми вопрос половых отношений, самый сильный акцент должен быть сделан на взаимной любви, посвящении друг другу и на отношениях родителей и детей.

Наука заменяет духовность

Привить детям чувство идеализма и понятие о духовных ценностях не менее важно, чем забота о поддержании их физического здоровья. Употребляя слово «духовность», я имею в виду не только религию, но и такие простые вещи, как служение другим, доброта, преданность и любовь, то есть качества, которые в современной материалистической культуре часто недооцениваются.

Одна из главных причин нынешнего упадка духовности заключается в том, что в течение последних двух столетий в умах многих людей наука заняла место религии. Они признали науку в качестве заменителя религии и духовности, но забыли о том, что наука никогда всерьез не интересовалась душой. Она по сути своей материалистична.

В молодости я считал, что быть порядочным и образованным человеком более выгодно, чем иметь верования и убеждения. Но мое мнение изменилось. Мы верующие существа. Если мы не будем исповедовать религию или откажемся от каких-либо духовных ценностей и практик, то нам суждено пасть жертвами материализма.

Возврат к прежним ценностям

Детям сегодня часто внушают мысль, что они пришли в этот мир только затем, чтобы быть первыми. Я слышал, как родители говорили своим детям: «Забудь о политике, не думай о войне и мире, не забивай голову чрезмерно поисками смысла жизни. Ты должен только зарабатывать деньги и быть первым». Одним из плодов такой идеологии является то, что мы не думаем об окружающих. Нас не беспокоит благополучие чужих детей, мы закрываем глаза на многие социальные проблемы.

В решающее для нашей страны время люди верили, что право самостоятельно выбирать свою судьбу стоит того, чтобы за него бороться. Сегодня же менее половины избирателей посещают участки для голосования.

Я нахожу это грустным и тревожным. Если бы в нашей стране было меньше проблем, если бы все были обеспечены работой, медицинским обслуживанием и имели возможность получить прекрасное образование, я бы ничего не говорил. Но нынешняя ситуация далека от идеальной.

Я не думаю, что Америке нужна новая революция для того, чтобы вновь задуматься о благе граждан. Но родители и учителя должны внушать детям истину о важности участия в делах других людей и всего общества, о том, что голосование и поддержка бедных людей — их гражданский долг. Такие уроки запоминаются лучше всего, если их преподносят дома. С самого детства дети должны знать, что другие будут считаться с их мнением. Просто заботясь о нуждах ребенка, вы даете ему понять, что его ценят и уважают.

И если ребенок будет чувствовать, что его ценят, то и он сам будет ценить других. Развивайте в нем сильное «я», берите его с собой на выборы и благотворительные мероприятия и вы увидите, что он станет намного более щедрым и заботливым по отношению к окружающим. И наконец, своим примером родители должны постоянно напоминать ребенку — самое главное не то, что ты имеешь, а то, что ты делаешь для других.

Ранняя и поздняя беременность

Когда я начинал врачебную практику, то слышал, как матери рассуждали: «Лучше всего рожать детей, когда ты молода, энергична, и у вас с ними небольшая разница в возрасте». Это звучало разумно, и вдобавок у меня было мало противоположных примеров, так как большинство матерей, которых я встречал в те годы, были, как правило, моложе тридцати.

Затем я прочитал книгу, основанную на результатах серьезного исследования семейных взаимоотношений. Одна из ее глав была посвящена тому, кто лучше справляется с воспитанием детей: матери, которым едва исполнилось двадцать лет, или те, кому за тридцать. В целом представительницы второй группы более умело распоряжались своим временем и легче находили общий язык с детьми. По сравнению с молодыми старшие матери оказались более терпимыми и понимающими, и такое отношение к детям, очевидно, делало тех более послушными и готовыми к взаимодействию. Другими словами, молодые матери чаще проявляли нетерпеливость и раздражительность в обращении со своими детьми, и поэтому их отпрыски отличались большей склонностью к упрямству и непослушанию. Но хочется подчеркнуть, что таковы общие тенденции, и многие молодые матери отлично справляются с воспитанием своих детей.

Это напоминает мне время, когда я обучал студентов в маленькой клинике, обслуживающей незамужних, несовершеннолетних матерей. Многие из них возмущались поведением своих детей. Когда мы спрашивали, как идут дела у малышей, они с раздражением отвечали:

«Плохо!» Самым распространенным объяснением своего недовольства было то, что они слишком много плачут. Иначе говоря, матери не хотели понимать, что маленькие дети часто используют плач для сообщения о своих чувствах и потребностях. И достаточно строгие высказывания таких матерей носят ярко выраженный моралистический характер.

Это очень похоже на отношение девочек-подростков к своим младшим братьям. Если спросить такую девочку, какого она мнения о брате, то ее лицо приняло бы недовольное выражение. Это означало, что брат все еще не научился хорошим манерам и вообще выглядит и ведет себя как десятилетний мальчуган, который не умеет ценить романтические, прекрасные стороны жизни.

Я полагаю, что критичное отношение девочек-подростков к их собственным детям и к младшим братьям отчасти можно объяснить тем, что они изо всех сил пытаются выглядеть, как молодые женщины. Но плачущий ребенок или братец-«грубиян» напоминают им, что они сами еще вчера были детьми. Им неприятно осознавать этот факт, и отчасти поэтому матери, которым недавно исполнилось (или еще не исполнилось) двадцать лет, хуже понимают потребности своих детей, чем матери, которым уже за тридцать.

Главный фактор, способствующий увеличению детородного возраста, — то, что сегодня многие молодые женщины после окончания колледжа в первую очередь думают о карьере, а не о том, как найти подходящего мужа и обзавестись детьми, чего не было в прежние годы. В какой-то мере это является плодом движения феминисток, оформившегося в семидесятые годы прошлого века. Оно подчеркивало важность карьеры для женщин, их право на получение одинаковой зарплаты с мужчинами и на равный с ними доступ к престижным должностям.

Средний возраст, в котором люди вступают в брак, также увеличился. Среди объяснений этого факта есть следующие: возросла важность карьеры и высшего образования для женщин, появились эффективные средства контроля над рождаемостью, которые позволяют иметь половую связь без вступления в брак, а также свою роль сыграли и статистические исследования, согласно которым очень ранние браки часто заканчиваются разводами. Конечно, случаи поздней беременности были и до 1970 года, а после 1970 года мы по-прежнему могли наблюдать ранние браки, которые были очень успешными.

Теперь давайте обсудим реальные преимущества и недостатки как ранней, так и поздней беременности. Я буду использовать опыт, которым делились со мной матери. Самое большое преимущество женщин, которые начинают взрослую жизнь с карьеры, а не с детей, в том, что, имея серьезные карьерные амбиции, они получают возможность доказать себе, что способны добиться успеха в выбранной ими области. Еще в первой половине двадцатого века девочкам и женщинам открыто говорили, что их темперамент не подходит для того, чтобы быть инженерами, математиками, физиками или директорами. («Слишком эмоциональны» — так чаще всего говорили о них неуверенные в себе мужчины.) Сегодня большинство мужчин постесняются во всеуслышание заявлять такое. Но подобные настроения все еще витают в воздухе и давить на психику женщин, особенно если те сомневаются в своих силах. Добившись успеха на карьерном поприще, некоторые женщины обретают так необходимую им уверенность в себе. Более того, положительный опыт, полученный на работе, позволяет матери расслабиться и получать удовольствие от воспитания ребенка. Я был удивлен тем, какой восторг может доставлять им забота о детях. Многие матери признаются, что даже не предполагали, какое огромное удовольствие доставляет уход за маленькими детьми.

Мать, у которой первый ребенок родился, когда ей было уже за тридцать, имела больше времени и возможностей для того, чтобы путешествовать и экспериментировать, заниматься хобби или посещать курсы. В отличие от некоторых женщин, которые родили ребенка в двадцать с небольшим лет, а затем вынуждены были устраиваться на работу, она не чувствует, что чего-то недополучила в жизни.

Суть еще одной важной причины для более поздней беременности состоит в том, что и у мужа, и у жены есть дополнительное время, чтобы повзрослеть, то есть лучше узнать себя и свою вторую половинку, прежде чем брать на себя дополнительную ответственность по воспитанию ребенка. Да и финансовое положение семьи в этом случае более прочное.

Есть ли у поздней беременности какие-либо недостатки? С точки зрения физиологии с возрастом немного увеличивается риск синдрома Дауна (хромосомная болезнь, связанная с задержкой развития и приводящая к инвалидности). С эмоциональной точки зрения существует искушение вырастить ребенка избалованным, т. к. его появления на свет ожидали довольно долго. Но обнаружить и преодолеть эту тенденцию обычно не составляет труда.

Некоторые женщины на протяжении своей жизни отличаются повышенным беспокойством. Не исключено, что они все время будут обеспокоены тем, как бы с их детьми не случилось какого-то несчастья. Особенно часто это происходит тогда, когда рождение первенца приходится на конец репродуктивного возраста. Такая же ситуация может возникнуть, если имелись проблемы с зачатием или у матери были выкидыши.

Все это усиливает ее страх лишиться единственного ребенка, которого будет трудно или невозможно восполнить. Вероятно, такая мать будет больше других волноваться по поводу возможных инфекций, простуд, несчастных случаев, падений. Вполне вероятно, что ее ребенок также станет беспокойным или, наоборот, склонным к риску и безрассудству. Если родители обнаружат, что не могут в одиночку справиться со своими тревогами, то им следует обратиться за помощью к психиатру, психологу или терапевту в семейную социальную службу.

Небольшая часть родителей старшего возраста с неодобрением относятся к таким вполне нормальным особенностям ребенка, как неугомонность, шумливость или неумение наводить порядок. Если родители начинают сами замечать или слышать это от своих друзей, что они требуют от детей слишком многого, ожидая от них взрослого поведения чуть ли не с пеленок, не понимая особенностей их возраста, то они могут отправить своих чад в детский сад, куда принимают детей с двух–трехлетнего возраста (это тем более уместно, если у вас один ребенок). Если это не представляется возможным, то по крайней мере несколько раз в неделю нужно водить малыша на игровую площадку или в другое место, где собираются дети его возраста. Там у родителей будет возможность наблюдать за детьми и понять, в чем различия между ними, чего они ожидают от ребенка и чего ожидают от своих детей другие родители. Также они смогут познакомиться с альтернативными методами воспитания и посмотреть, как ребенок взаимодействует со сверстниками. Если, несмотря на все эти меры, отношение родителей к ребенку остается прежним, то им необходимо обратиться за помощью к специалисту.

Таким образом, как ранней, так и поздней беременности присущи определенные недостатки (или достоинства), но ни один из них не является настолько серьезным, чтобы супруги были вынуждены полностью исключить возможность рождения ребенка в двадцать или тридцать лет. Все сознательные супруги способны добиться успеха в воспитании детей независимо от того, какой возраст для рождения ребенка они посчитают наиболее оптимальным.

Второй ребенок

Говоря о личностных особенностях второго ребенка и отношении к нему родителей, я даю лишь усредненную картину, которая справедлива для большинства детей. Но мои слова относятся не ко всем малышам, которые родились вторыми. Поскольку, несмотря на традиционный контраст между личностью первого и второго ребенка, число исключений довольно велико.

Есть и другие факторы, оказывающие сильное влияние на формирование характера детей, кроме порядка их рождения. Один из них — врожденный темперамент, или способ реагирования ребенка на новые стимулы и ситуации. Исследования указывают на различия в темпераменте новорожденных, которые имеют тенденцию сохраняться на протяжении всей жизни. Яркий пример — высокая активность и подвижность одного ребенка по сравнению со спокойным и уравновешенным поведением другого. Один малыш с раннего возраста проявляет себя как исследователь и экспериментатор, в то время как другой сначала наблюдает и исследует новую ситуацию, а затем отваживается ее принять.

Очень важный фактор — это, конечно же, личность родителей и их отношение к каждому ребенку. Жизнерадостная и приветливая мать, скорее всего, воспитает детей открытыми и дружелюбными, тогда как у замкнутых родителей дети вырастут таким же замкнутым.

Более того, в общении с одним ребенком родители будут проявлять себя иначе, нежели во взаимодействии с другим. Например, отец, который хочет иметь такого сына, с которым он мог бы порезвиться и пошалить, будет чувствовать себя слегка не в своей тарелке с мальчиком, у которого тихий и спокойный нрав. Один родитель обращается с дочерью почти так же, как с сыном, а другой относится к ним иначе.

Теперь наконец мы можем приступить к разговору о втором ребенке. Допустим, это мальчик. Сначала давайте подумаем, каким он будет представлять себе мир. Наиболее вероятно, что он появляется на свет в семье, которая состоит из двух родителей, старшего брата или сестры. Вскоре ребенок начинает понимать, что в его семье есть два разных поколения: родители — это взрослые, и дети, к которым он отнесет и себя. Кстати, я всегда восхищался тем, как точно младенцы проводят различие между взрослыми и детьми: когда к малышу приближается другой ребенок, даже незнакомый, его лицо озаряет улыбка и он начинает елозить, как будто заранее знает, что его ожидает развлечение. К взрослым он тоже относится с симпатией, но при их появлении не демонстрирует подобного энтузиазма.

Итак, ребенок кажется ему более желанным компаньоном. И младенец, который по своей природе любит развлечения, отождествляет себя со старшим ребенком. Он как бы думает: «Мы — счастливые и веселые дети, мы не такие серьезные, как родители». Если в семье появляется третий или четвертый ребенок, вероятно, у него будут такие же черты характера, как и у второго. А рядом с первенцем — пока он единственный ребенок в семье — нет других детей, с которыми он мог бы играть и идентифицироваться. Он является просто третьим членом семьи и предполагает, что относится к той же категории, что и остальные два, то есть он тоже взрослый, но маленький.

Когда ему исполняется два или три года, у него, возможно, появляется младший брат или сестра, что, однако, не наводит его на мысль, что он так же, как и этот новорожденный, тоже ребенок. Младенец кажется ему беспомощным, капризным и неопрятным существом, и это только усиливает его убежденность, что они принадлежат к разным категориям и что сам он ведет себя подобно родителям. Обращаясь к матери, он снисходительно говорит: «Смотри, он ничего не может! Не умеет ходить! Не умеет говорить! Не умеет есть! Он только может, что пачкать пеленки».

Но есть и другие факты, на основании которых он считает, что больше похож на родителей, чем на младшего брата или сестру. Это помогает ему лучше справляться с ревностью, так как действительно глупо ревновать того, кто уступает тебе по стольким показателям. Итак, у него нет необходимости конкурировать с ребенком, потому что, по его убеждению, сам он принадлежит к другому типу людей.

Тем не менее родителям следует задуматься о том, чтобы помочь первому ребенку преодолеть ревность, к которой он в целом склонен больше, чем все последующие дети. Ревность связана с тем, что в течение первых лет его жизни родители принадлежали ему одному, и он верил: так будет всегда. Когда в семье появляется второй ребенок, и первый понимает, что родители уделяют ему слишком много внимания и любви, это обстоятельство потрясает первенца до глубины души, он чувствует, что его предали. Следует отметить, что он страдает намного сильней, чем второй ребенок, когда в семье появляется третий ребенок.

Возможно, вы удивлены, почему я так много говорю о том, что второй ребенок отождествляет себя с первым и воспринимает себя именно как ребенка, в то время как первенец идентифицирует себя с родителями и полагает, что он маленький взрослый.

На мой взгляд, именно с этим в первую очередь связано различие в особенностях личности первого и второго ребенка. В случае когда в семье подрастает единственный ребенок, то причины того, что он отождествляет себя с родителями и взрослыми, примерно те же самые, что и в случае с первенцем. Но у него, в отличие от единственного ребенка, нет необходимости бороться с ревностью при появлении брата или сестры.

Одна из характерных особенностей, присущих большинству вторых детей, — их общительность. Они быстро и без особых усилий заводят новых друзей. Первенцы же, наоборот, вступая в контакт с незнакомыми детьми, чаще всего ведут себя нерешительно. Они легко обижаются, если незнакомый ребенок ведет себя грубо или просто недостаточно дружелюбно. Это во многом результат того, что единственный ребенок много времени проводит с родителями и другими взрослыми, которые ведут себя по отношению к нему заботливо и тактично.

Второму и третьему ребенку значительно чаще приходится иметь дело с такими же грубыми детьми, как и он сам, но он так хочет завести новых друзей, что не обращает внимание на их невоспитанность. И незнакомый ребенок в конце концов уступает перед его стремлением к дружбе.

Второй ребенок, как правило, учится не так хорошо, как первенец. Он любит весело проводить время и не слишком заботится об оценках. Его отметки — это забота родителей, по крайней мере, первое время. Вторые дети реже становятся врачами, учителями, медсестрами или социальными работниками. То есть их не слишком привлекают профессии, в которых нужно вести себя подобно родителям, помогая более молодым и менее удачливым людям. Вторые дети часто идут в бизнес, к чему их подталкивает любовь к соревнованиям.

Однако у второго ребенка меньше шансов на то, чтобы стать начальником. Среди боссов больше именно первенцев, потому что в детстве они сравнивали себя с родителями, а также пытались избавиться от чувства соперничества, стараясь доказать, что они уже не дети. В целом дети, которые появились в семье вторыми, менее серьезные и ответственные, чем первенцы.

Соперничество второго ребенка с первым обычно принимает форму постоянных попыток справиться с чем-то быстрее и лучше, чем это делает первенец. Если тот кидает в озеро камни, то второй изо всех сил пытается швырнуть камень еще дальше. Второй ребенок, скорее всего, может чувствовать, что первый получает больше родительской любви, хотя это чаще всего не так. Первенец же порой дразнит и унижает второго и старается доставить ему неприятности. Второй иногда платит той же монетой третьему. Сторонний наблюдатель обычно обращает больше внимания на соперничество второго ребенка с первым, иногда оно сопряжено с враждебностью. Но в глубине души второй ребенок может восхищаться удалью более сильного и ловкого старшего брата.

Я слышал, как некоторые родители говорили, что со вторым ребенком им легче налаживать отношения, чем с первым. Они находили это странным, поскольку, по их словам, первого ребенка они понимали и любили чуть больше, чем второго. Я объясняю это тем, что с самого рождения родители были глубоко привязаны и отождествляли себя со своим первенцем. Они хотели, чтобы он обладал всеми способностями и возможностями, которые есть у них, а также которые они хотели бы иметь. Что касается второго и третьего ребенка, то они получают больше прав просто быть самими собой.

С какими трудностями сталкивается второй ребенок? Я думаю, что очень часто он чувствует фрустрацию* по поводу того, что не может угнаться — ни в размерах, ни в способностях — за первым. Помимо этого, его рас-

* Фрустрация (лат. frustration — обман, неудача) — состояние подавленности, которое наступает вследствие сильного разочарования или крушения надежд; проявляется в гнетущем напряжении, тревожности, чувстве безысходности. — *Прим. ред.*

страивает мысль (которая может быть как истинной, так и ложной), что первый его старший брат или сестра — любимчик родителей. Второму ребенку легко прийти к подобному заключению, потому что зачастую родители предоставляют первенцу больше привилегий, чем ему.

Если родители поймут, что каждому ребенку (как и каждому взрослому) нужно, чтобы его любили не меньше, чем остальных, — ведь он такой же уникальный, как и другие, — то они смогут помочь второму ребенку преодолеть его фрустрацию. Родители иногда могут хвалить его за те или иные личностные, физические или социальные свойства, которыми они восхищаются. Однако не стоит сравнивать одного ребенка с другим. Родители могут взять его на какое-либо праздничное мероприятие, на распродажу или ярмарку. Или родители могут подозвать его, погладить по голове и дружелюбно сказать: «Ведь ты же наш малыш, не так ли?»

Я встречал вторых детей, которые чувствовали себя несколько подавленными после того, как в семье появлялся еще один ребенок. Они понимали, что никогда не смогут угнаться за старшим братом или сестрой, и вдобавок, появление новорожденного лишало их права быть самыми маленькими. Если родители заметят, что у ребенка с этим проблемы, то время от времени они могут позволять себе обращаться с ним как со «своим малышом». Также им следует тактично и дружелюбно обсудить с ним, что, по их мнению, он зол или расстроен из-за того, что потерял право быть старшим или младшим из детей. Такое открытое обсуждение будет способствовать исцелению его раны. Ребенку станет легче и оттого, что родители знают о его чувствах и о причинах их появления.

Мы видим, что у второго ребенка обычно есть такие преимущества, как общительность, любовь к соревнованиям и отсутствие застенчивости. С другой стороны, если родители ожидают от второго ребенка, что он будет хорошо учиться либо станет педагогом или врачом, то нет никакой гарантии, что их ожидания оправдаются. Общество нуждается в людях с различными способностями и чертами характера. И я бы посоветовал родителям быть довольными теми способностями, которыми обладают их дети, конечно, если сами дети ими тоже довольны.

Когда одного ребенка любят меньше, чем другого

«Я чувствую себя виноватой, потому что люблю одного из моих детей, Дэвида, меньше, чем двух других. Ему девять лет, и он самый старший из них. Он все время меня раздражает. Я часто делаю ему замечания и ругаю его. Мне кажется, что я понимаю Дэвида лучше, чем остальных, и, по-моему, он тоже меня понимает. Возможно, именно поэтому мы часто друг другу досаждаем. Я стараюсь быть более терпимой, но стоит мне на него посмотреть, как я замечаю какой-то недостаток и начинаю его критиковать. Иногда он упрекает меня в том, что я его не люблю, и это заставляет меня чувствовать себя ужасно. Моему мужу сын тоже докучает, но не так сильно, как мне».

Прежде всего я хочу сказать, что из письма не видно, будто эта женщина любит первого ребенка меньше, чем остальных.

Родительская любовь может выражаться по-разному, и я почти уверен, что автор письма обладает ими в достаточном количестве. Полагаю, что ради сына его мать готова пойти на те же жертвы, что и ради других детей. Например, могла бы без колебаний войти в охваченное пожаром здание, если бы в нем находился ее Дэвид. Заболей он серьезно, она уделяла бы ему много времени и внимания. Наконец, если бы, став старше, сын попал в серьезную неприятность, она бы никогда от него не отвернулась.

Ну почему же тогда родитель не может порой найти должного взаимопонимания с одним из своих детей? Нередко мы имеем здесь дело с конфликтом, который уходит корнями в детство самого родителя: на подсознательном уровне ребенок может напоминать родителю младшего брата, которого, как ему казалось, родители любили больше, чем его. Или же он напомнит родителю отца, поступавшего с ним в детстве сурово и несправедливо. Или же мать была совершенно не готова к появлению на свет этого ребенка. Подобные ассоциации сделают родителя нетерпимым и раздражительным по отношению к малышу с момента его рождения. В итоге тот может быть менее привязан к такой матери, не будет ее слушаться и всячески ей докучать. Родителям, в свою очередь, эти качества ребенка могут казаться враждебными, что послужит оправданием их собственной раздражительности и нетерпимости.

Итак, похоже, что эти случаи родительской раздражительности основаны на подсознательных ассоциациях, связанных с детством самих родителей (например, с недостатком любви, а это самое главное для детей). Поэтому с одним ребенком родители чувствуют себя менее комфортно, чем с другим. Родительская раздражительность отражается на детях, которые становятся менее податливыми и более назойливыми, чем могли бы быть по своему характеру.

Это только увеличивает нетерпимость родителей. На сей раз она становится достаточно очевидной для того, чтобы заставить родителей чувствовать себя виноватыми: они начинают подозревать, что мало любят своего сына или дочь. Возможно, осознание своей вины на некоторое время заставит их закрыть глаза на плохое поведение ребенка, но рано или поздно терпение родителей лопнет, и они дадут волю гневу. Естественно, что, сорвавшись, они будут чувствовать себя еще более виноватыми.

Общение с таким ребенком будет непрестанно сопровождаться приступами раздражительности и укорами совести. После того как ребенка поругают за какой-то проступок, в течение нескольких часов он ведет себя примерно, но затем, зная, что родители чувствуют себя виноватыми, вновь начинает переходить границы родительского терпения.

Такие отношения отличаются от нормальных тем, что в основе последних не лежит подсознательная раздражительность. Ребенок, окруженный заботой и любовью, может позволить себе быть милым, покладистым и большую часть времени соблюдать основные правила поведения. Поэтому родителям нет необходимости так часто сердиться и, соответственно, чувствовать вину.

Как родители могли бы положить конец таким отношениям со своими детьми? Во-первых, им следует осознать: проблема, скорее всего, не в отсутствии любви, а это значит, что они не должны чувствовать себя виноватыми.

Во-вторых, после очередной ссоры, когда все успокоятся, родителям нужно честно и доброжелательно побеседовать с ребенком, ни в коем случае не ругая его. Беседа может носить примерно такой характер: «Я чувствую себя плохо потому, что мы с тобой поссорились. Я люблю тебя и хочу, чтобы у нас были хорошие отношения. Но я очень легко раздражаюсь, ты же знаешь об этом. Возможно, причина в том, что мы с тобой очень похожи. Есть еще одна причина. Наверное, она заключается в том, что в детстве я часто злилась на своего брата, так как считала, что родители любили его больше, чем меня. Ты мне очень напоминаешь его и, скорее всего, поэтому я порой на тебя сержусь».

Такой откровенный разговор должен улучшить ваши взаимоотношения, потому что ребенок будет знать: вы любите его и хотите, чтобы у вас все было как можно лучше. После очередной ссоры вы можете вернуться к этому разговору. Признавайте ваши ошибки и не думайте много о том, в чем не прав ребенок. Ваша задача сделать его более дружелюбным и готовым к сотрудничеству, а не поставить его на место.

Суть третьего подхода к проблеме заключается в том, чтобы понять, когда и как начали портиться ваши взаимоотношения. Безусловно, ни один из этих подходов не исключает другие.

Если вам самому, с помощью супруга/супруги или понимающих друзей не удается решить проблему, то полезно будет обратиться за советом к специалисту. Часто происходит так, что вы начинаете понимать суть своей проблемы не благодаря прозрению и опыту консультанта, а потому, что рассказываете обо всем заинтересованному и доброжелательному слушателю.

Подготовка детей к счастливому браку

«Они влюбились, поженились и жили долго и счастливо» — так говорят нам старые добрые сказки. Многие молодые американцы, когда они влюбляются и связывают себя узами брака, верят в такой же исход. Тем не менее в Америке каждый второй брак заканчивается разводом. Это самый высокий показатель в мире. В чем же причина?

Статистика может предоставить в наше распоряжение несколько фактов. Чем моложе жених и невеста, тем меньше вероятность, что их союз продлится долго. Школьницы, которые едва могут дождаться окончания выпускных экзаменов, чтобы раньше подружек выскочить замуж, очевидно, еще не достаточно взрослые и зрелые для того, чтобы знать, какой именно партнер им нужен. На самом деле на данной стадии развития их эмоциональная и социальная жизнь все еще подвержена резким переменам, и большинство из них не знают, какими они будут через месяц или через год, и что они могут предложить своему партнеру. В этом возрасте в отношениях с противоположным полом преобладает чувство страстной влюбленности, интерес к половой жизни и жажда сексуального удовлетворения. Они влюблены в любовь. Несколько месяцев спустя может оказаться, что качества, которыми, по их мнению, был наделен возлюбленный, оказались всего лишь их собственными иллюзиями. И наименее привлекательные черты, которые они прятали друг от друга либо старались друг в друге не замечать, выходят на поверхность.

Качества, способные продлить взаимоотношения влюбленных молодых людей, — чуткость к нуждам и эмоциям другого, общие интересы, приверженность одним и тем же целям, будь то накопление капитала или рождение детей, — обычно проявляются несколько позже в процессе взросления.

Но современная ситуация с ранними и более поздними браками характеризуется также несколькими положительными явлениями. Сегодня многие молодые люди вступают в брак после двадцати пяти или даже тридцати лет. И многие парни и девушки, которым уже за двадцать и которые считают, что они влюблены друг в друга, несколько лет живут вместе, чтобы понять, станут ли их отношения с течением времени более прочными или нет. (Но я не утверждаю, что такие отношения будут приемлемы для всех молодых людей или их родителей, и не выступаю поборником совместного проживания в подростковом возрасте.)

Согласно другим статистическим данным, брак фермеров длится дольше, чем брак городских жителей. Возможно, причина этого в том, что весь день фермеров проходит в трудах и заботах, причем супруги делают одно дело, даже если их непосредственные обязанности разные. А в городах большинство мужей и жен проводят день порознь: либо они работают в разных местах, либо один из них работает, а другой остается дома.

Лично мне кажется, что большинству американских детей, когда они взрослеют, свойственно чувство собственника — они считают, что им положены многочисленные привилегии. И это при полном отсутствии серьезных обязанностей. На Рождество и дни рождения их буквально заваливают игрушками; когда они становятся старше, им дарят велосипеды и дают неплохие деньги на карманные расходы; в день шестнадцатилетия дети состоятельных родителей получают в подарок автомобили либо, подрабатывая после школы, они сами зарабатывают деньги на покупку машины. Такое положение дел нам кажется обычным, но в других странах дети и подростки живут в более чем скромных условиях. И важно, что молодые люди во многих странах вырастают с твердым убеждением, что на протяжении всей жизни они должны отдавать долг своей семье (как в Греции, например), нации (как в Израиле) или религии (как в Иране).

В той или иной мере наши дети считают, что рождение в Америке дает им право на хороший брак, как я не раз наблюдал, общаясь с учащимися старших классов.

Если брак терпит фиаско, они чувствуют себя обманутыми. Не знаю, многие ли из них понимают, что хороший брак — это не дар, а взаимоотношения, над которыми нужно работать, причем такая работа никогда не заканчивается. Если семейные отношения не культивировать, то они завянут и умрут.

Как родители, мы чуть ли не с младенчества должны внушать нашим детям чувство, что они появились на свет не только для самореализации, хотя это, конечно, достойная цель, но и для того, чтобы думать о других людях: работать вместе с ними, удовлетворять нужды семьи и общества. Возможно, это не звучит как подготовка к браку, но суть прочного и счастливого брака — и любых близких отношений — это внимательность к нуждам и чувствам других, готовность выслушивать и помогать.

Не нужно ругать двухлетнего ребенка, чтобы дать ему понять, что он не должен причинять вред своему младшему брату, домашнему питомцу или другу. Родитель просто может показать, как нужно ласкать, обнимать или целовать младенца («Посмотри, какой хороший, он любит тебя»). Детям трех, четырех и пяти лет можно доверить работу по дому, такую, например, как сервировка стола или сушка посуды, а затем обязательно похвалить их за то, что они согласились помочь. На месте родителей я бы меньше времени уделял обсуждению того, что дети хотят получить в подарок на Рождество или ко дню рождения, и учил бы их преподносить подарки и делать поздравительные открытки для других. А игрушки, с которыми ваши дети больше не играют, можно привести в порядок и отнести в благотворительную организацию.

Детям школьного возраста полезно слушать, как их родители обсуждают решение местных, национальных или мировых проблем. Еще лучше, если их родители участвуют в работе благотворительных фондов или общественных комитетов. Например, они могут заниматься вопросами доступности и качества медицинских услуг, оказываемых всем гражданам (по этим показателям мы отстаем от Европы и Канады), или сосредоточиться на проблеме недостатка хороших детских садов и школ или плохих условиях проживания малообеспеченных людей.

Когда дети начинают рассказывать о том, как друзей или их самих приглашают на свидания, родителям, вероятно, следует подчеркнуть в разговоре, как трудно встретить человека, который тебе действительно подходит. Надо, чтобы дети знали, как легко стать жертвой собственных иллюзий, что многие браки заканчиваются разводами (в результате чего страдают и сами супруги, и их дети). Они должны хорошо себе представлять, что ни везение, ни какое-то волшебство не помогут им построить прочных отношений; что последние возможны только тогда, когда у молодых людей будет достаточно времени и возможностей узнать друг друга лучше. А после заключения брака потребности и чувства супруга или супруги должны оставаться высшим приоритетом.

О чем бы я еще поговорил с подростками, так это о целомудрии и половых отношениях. Я согласен, что сексуальные инстинкты и желание узнать как можно больше о сексе в эти годы очень сильны. Но в то же время не все хотят далеко заходить в сексуальном экспериментировании и предпочитают отложить секс до вступления в брак. В основном это свойственно молодым людям, воспитанным в семьях с высокими нравственными идеалами. Некоторые из этих подавленных сексуальных импульсов сублимируются (перенаправляются) в таких видах действия, как чтение и написание книг, рисование и созерцание картин, создание скульптур, в усилиях по распространению мира и справедливости на планете.

В действительности некоторые из наиболее талантливых людей в истории в подростковом возрасте были довольно стеснительными. (Классический пример — Данте. Биатриче, девушка, которую он увидел, но никогда не вступал с ней в отношения, вдохновила его на написание некоторых бессмертных произведений мировой поэзии.) Тем не менее несколько лет спустя они обретают способность выражать свою сексуальность в полной мере и наслаждаться ею. Поэтому робкие молодые люди не должны беспокоиться насчет своей нормальности или поддаваться на уговоры «попробовать» со стороны друзей. Им следует ждать до тех пор, пока они не будут к этому готовы. Вероятно, что таким образом они сумеют добиться большего успеха в браке и карьере.

Для матери это нормально — радоваться первым свиданиям дочери и ее популярности у мальчиков. Но под влиянием эмоций мать может побудить дочь преждевременно преодолеть застенчивость и постараться опередить других девочек по количеству свиданий, прежде чем она узнает, что такое настоящая любовь.

Как следует поступать, если вы чувствуете, что ваш ребенок слишком торопится вступить в брак или совершает ошибку в выборе партнера? Во-первых, уважающему себя подростку не нужно читать мораль о том, что он или она совершает ошибку. В любой момент пара может просто сбежать. Думаю, лучшее, что вы можете сделать, это попросить их отложить вступление в брак до тех пор, пока они не узнают друг друга получше, хотя бы на один год. Очень не советовал бы родителям критиковать выбор детей. Я помню, как упрямо продолжал встречаться с девушкой на протяжении еще двух лет только из-за того, что моя мать сомневалась в правильности моего выбора. На месте родителей я бы постарался проявлять благожелательность к тому, на кого пал выбор их сына или дочери, и почаще приглашал его или ее в гости или, что еще лучше, в совместные путешествия. Таким образом, они получили бы возможность лучше узнать характер друг друга и увидели, какие качества свойственны их избраннику или избраннице.

Но только одного разговора о качествах, которые нужны для прочного брака, недостаточно. Родителям следует показывать их на личном примере. Почти все родители иногда ссорятся, и в этом нет ничего страшного. Но существует большая разница между оскорблением и глумлением над супругом или супругой и проявлением уважения, несмотря на наличие разногласий.

Однако ссоры в семье — проблема не главная. Когда вы или ваш супруг были влюблены и планировали семейную жизнь, то большую часть времени старались угодить друг другу, сделать что-то приятное. Вы внимательно друг друга выслушивали, искали то общее, что объединяло вас, находили любой повод, чтобы похвалить друг друга, улыбались, говорили ласковые слова, демонстрировали свои чувства с помощью различных маленьких жестов. Во многих случаях после свадьбы отмечается подсознательная склонность к обезличиванию отношений. Родители должны знать, что начиная с трехлетнего возраста дети как бы впитывают в себя чувства, вызванные отношением родителей друг к другу, и закладывают их в основу своих собственных будущих взаимоотношений в браке. И не только.

Говоря более конкретно, у маленьких мальчиков формируется представление о том, как следует вести себя в браке, а также в любых взаимоотношениях с людьми. Это представление складывается в результате наблюдения за своими отцами и как можно более точного копирования их действий. Кроме того, каждый маленький мальчик создает для себя идеал женщины на основе любви и наблюдения за матерью.

Девочки же перенимают поведение матерей и готовятся к тому, чтобы стать женщинами, женами, матерями и выйти замуж за таких мужчин, как их отцы. Когда подумаешь о том, какое сильное влияние мы, родители, имеем на детей, становится просто страшно.

Сохранение романтических и уважительных взаимоотношений хорошо не только для будущего брака детей, но и для брака самих родителей.

Может ли один родитель заменить двух?

Какого успеха вы можете добиться, воспитывая ребенка в одиночку? На сегодняшний день этот вопрос очень актуален, потому что семей с одним родителем становится все больше. Подавляющее большинство из них состоит из разведенных, брошенных или овдовевших матерей и определенного количества детей. Но в последние годы некоторые суды стали доверять попечение о детях и отцам. К тому же существует относительно небольшое, но постоянно увеличивающееся число женщин, желающих воспитывать ребенка — своего собственного или приемного — без партнера.

Мы сможем понять, как одиноким родителям лучше всего воспитывать своих детей, если сначала ответим на такой вопрос: что матери и отцы дают своим детям в полных семьях?

Обычно дети хотят, чтобы у них были и мама, и папа. Отчасти это желание объясняется тем, что с самого младенчества за ними ухаживали оба родителя, и у них успела сформироваться эмоциональная привязанность друг к другу. Судить об этом можно хотя бы по тому, как некоторые дети слезно умоляют разведенных родителей жить вместе. Кроме этого, дети всегда хотят иметь то, что есть у их сверстников, будь то компьютер, красивая кукла или оба родителя.

В те времена, когда существовали приюты для детей, брошенных родителями и не получавших надлежащего ухода, можно было видеть мальчиков и девочек, которые не помнили своих родителей, но всей душой жаждали к ним вернуться. Дети создавали их образы на основе богатого воображения, добавляя к ним черты тех взрослых, которых они видели и которым симпатизировали; в их числе были и сотрудники приютов, и родители, посещавшие других детей. Такие дети опишут вам в мельчайших деталях внешности своих воображаемых родителей; расскажут, как часто они приходят к ним, какие подарки приносят и что очень скоро они заберут их домой.

Мальчики и девочки, растущие в семьях с двумя родителями, учатся думать, чувствовать и вести себя, как женщины и мужчины, отождествляя себя прежде всего с родителем одного с ними пола, особенно в период от трех до шести лет. Мальчик будет копировать манеру речи отца и интересоваться тем же, чем интересуется он. Играя с сестрой в «родителей», он, естественно, выберет роль отца и с важным видом будет воспроизводить его поведение дома и на рабочем месте. Таким образом, он учится быть мужчиной, ответственным работником, мужем и отцом.

Если вы приглядитесь повнимательней к своим детям, то сможете заметить, что в некоторых аспектах мальчик сравнивает себя со своей матерью. Я уверен, что стал педиатром отчасти потому, что отождествлял себя с любовью моей матери к младенцам. Я с удовольствием кормил из бутылочки младших сестер и брата, менял им пеленки. Также говорят, и не без основания, что частичное отождествление сына с матерью в некоторой мере определяет то, как он будет понимать чувства девочек и женщин, включая будущую жену.

Еще один аспект отношения маленького мальчика к матери — это развитие сильной, «романтической» привязанности к ней. В три или четыре года он может заявлять, что собирается жениться на маме, когда подрастет! Он еще слишком маленький и невинный для того, чтобы понимать всю нелепость этой затеи. Но мать для него — это тот человек, с которым у него с самого рождения были близкие и эмоциональные отношения. Поэтому вполне естественно, что в возрасте примерно трех лет он начнет проявлять романтический и сексуальный интерес, например играя в дочки-матери и ухаживая за детьми, то он обратится к тому человеку противоположного пола, которого он знает и любит больше всего. Его мать становится для него идеалом женщины; а ее физические и эмоциональные качества окажут определенное влияние на выбор им той женщины, в которую он влюбится и на которой захочет жениться. А отношения между его отцом и матерью повлияют на его отношения с будущей супругой.

Девочки же стараются во всем копировать поведение матерей, готовясь исполнять в дальнейшем роли женщин, жен, матерей, а также служащих офисов, продавцов в магазине и т. д. Но девочки не меньше мальчиков нуждаются в любящих и заботливых отцах. Отождествление с отцами добавит в характер девочек ряд качеств. Не исключено, что, несмотря на все препятствия, они захотят получить ту же профессию, что и их отцы. Также наблюдая за отцами и отождествляя себя с ними, девочки получают представление о людях противоположного пола и о том, как следует себя с ним вести. (В противном случае они будут плохо понимать мужчин и, скорее всего, чувствовать растерянность в их присутствии.) Для будущих отношений с мужчинами — не только как с мужьями, но и как с друзьями и коллегами по работе — не менее важна романтическая привязанность, которая у маленьких девочек обычно развивается в общении с отцами в возрасте между тремя и шестью годами.

Итак, мальчики и девочки, воспитанные в полных семьях, благодаря общению со своими отцами и матерями формируют идеалы и представления, которыми они будут руководствоваться всю жизнь.

До сих пор я вел разговор так, как будто детские идеалы и образцы поведения формируются только на основе сравнения или привязанности к родителям. Несомненно, родители играют наиболее важную роль в полных семьях (как и в разведенных семьях, когда отец или мать, живущие отдельно от ребенка, постоянно ему звонят и приходят в гости), особенно в дошкольные годы, когда формируется личность детей. Но время идет, и ребенок начинает больше узнавать об окружающем мире, у него появляется желание быть независимым от родителей, он попадает под влияние учителей, своих ровесников, тех, за кем признает право лидера, различных героев и кумиров. Ребенок привязывается к ним и сравнивает себя с ними.

Когда один из родителей не живет вместе с детьми и навещает их только время от времени, они инстинктивно обращаются к тем, кто, по их мнению, заменит им отца или мать: к бабушкам и дедушкам, дядям и тетям, двоюродным братьям и сестрам, друзьям семьи, учителям или тренерам, которые отличаются отзывчивостью и дружелюбием. Таким образом, они удовлетворят свою потребность во втором родителе. Ребенок не способен отождествить себя с тем, кто равнодушен к нему. Я до сих пор помню четырехлетнюю дочь моего коллеги, который отсутствовал дома в течение двух лет, так как был вынужден работать в военном госпитале во время Второй мировой войны. Когда я приходил к ним в дом, совершая очередной врачебный визит, то девочка со всех ног бросалась ко мне и потом долго не хотела меня отпускать.

Совершенно очевидно, тому есть многочисленные подтверждения, что дети, воспитанные одним родителем, могут стать хорошо приспособленными и успешными людьми благодаря постоянному общению со вторым родителем или с тем, кто заменил его им. Какие факторы способствуют успеху или его отсутствию в подобной ситуации? (Для удобства изложения я допускаю, что дети живут главным образом со своими матерями, хотя в наше время отцы тоже иногда получают право опекать детей, тогда как матерям предоставляется возможность посещать их. То, что я буду говорить об одном родителе, применимо к обоим.)

Вначале мы обсудим ситуацию, когда разведенные отцы живут недалеко от детей, регулярно к ним наведываются и с удовольствием занимаются их воспитанием. Дети могут получить многое от отца, живущего отдельно, особенно если он регулярно видится с ними или поддерживает контакт с помощью писем, телефонных звонков и подарков. Для матери самый эффективный и относительно простой способ убедиться, что для ее детей общение с отцом приносит пользу, — это поощрять подобные визиты и контакты.

Лучшим вариантом для детей будет тот, когда родители делят заботу о них и ответственность за их воспитание примерно поровну, и у них есть возможность проводить много времени в доме каждого родителя. Тогда отец не будет чувствовать отчуждения по отношению к детям. Но совместное попечение требует взаимопонимания между родителями. Когда дети живут вместе с матерью, то можно предложить, чтобы отец чаще посещал их. Но это чревато тем, что отец начинает все реже приходить к детям и звонить им по телефону, так как ему будет казаться, что близкие, любящие взаимоотношения с ними ослабевают.

Мать никогда не просит у него совета по поводу воспитания детей, образования, поездок в лагеря и т. д., и дети также перестают интересоваться его мнением или не спрашивают разрешения. В общем, они больше не обращаются с ним как с отцом, и вполне понятно, что он в конце концов перестает чувствовать себя таковым. Вдобавок, ему кажется, что мать пользуется его визитами для того, чтобы как бы наказывать его (ограничивая время и количество посещений), например, за то, что он опоздал на встречу с детьми или вернулся домой позже назначенного срока, за разрешение есть высококалорийную пищу, гулять допоздна, потому что из-за этого они якобы могут простудиться, или за задержку алиментов.

Итак, важной обязанностью матери является поощрение контактов отца с детьми. Ей не нужно заострять внимание на его ошибках, а наоборот, следует быть радушной или просто вежливой. И когда отец приходит к ней домой, хотя бы иногда интересоваться его мнением или попросить совета, например, по поводу выбора лагеря, оказания медицинской или стоматологической помощи. В общем, если жена будет поддерживать хорошие отношения со своим бывшим супругом, то это, безусловно, принесет их детям только пользу.

Если мальчик вообще не контактирует с отцом и даже не помнит его, то он целиком будет зависеть от того, что его мать расскажет о нем и от ее отношения к мужчинам в целом. Если она постоянно говорит сыну о положительных качествах своего бывшего мужа, о его любви к сыну и демонстрирует уважительное отношение к большинству мужчин, то мальчик получит положительную модель для подражания. Но если мать постоянно называет отца подлецом, то в распоряжении мальчика окажется весьма сомнительный образец для подражания, и, возможно, он станет считать самого себя в какой-то степени подлецом. Мать, в чьем отношении к мужчинам будет преобладать разочарование и презрение, создаст в сознании своей дочери, равно как и сына, отрицательный образ мужчины. Не исключено, что она воспитает в дочери подозрительность и неприязнь к представителям сильного пола.

Или же она вырастит такую дочь, которая будет относиться к мужчинам с восхищением, но их привлекательность она свяжет с ненадежностью; ей будут нравиться те из них, в поведении или внешности которых она постарается увидеть явные признаки низости, непостоянства или чего-то другого неприятного, на чем в свое время сконцентрировала ее внимание мать.

Но многие разведенные женщины будут возмущаться: «Он был жестоким человеком!», или же легкомысленным донжуаном, либо неудачником, не умевшим заработать денег для своей семьи. Возможно, так оно и есть, но мать, произносящая такие слова, забывает, что поддержать положительный образ отца в душе ее детей очень важно для их же блага. Чтобы нарисовать детям ту картину, которая окажется для них полезней всего, мать может, собрав волю в кулак, рассказать о тех качествах бывшего супруга, которые заставили ее в него влюбиться. Она может поговорить с ними и о том, как он любил своих детей и гордился ими в те счастливые для нее времена.

Чем меньше контактов у мальчика или девочки с отцом, тем большую ценность представляют для них встречи с другими дружелюбными и отзывчивыми мужчинами. Общение с людьми, относящимися к ним равнодушно, для детей совершенно бесполезно. Как видно из биографий успешных людей, в роли отца могут выступать дедушки, дяди, двоюродные братья, учителя, вожатые, начальники отряда бойскаутов, спортивные тренеры, учителя воскресных школ, священники, лавочники или более старшие мальчики, живущие по соседству. Подобным же образом подруга семьи, школьница, родственница, учительница или женщина-тренер способны заменить мать мальчику или девочке.

Может ли мать посодействовать тому, чтобы установить добрые взаимоотношения между ее сыном или дочерью и человеком, способным отчасти заменить им отца? Я бы сказал, что в ее власти создать предпосылки для развития таких отношений, но она не может заставить их понравиться друг другу — это будет зависеть от многих довольно тонких материй. Например, от интереса, личного предпочтения, каких-то пристрастий, и давление здесь абсолютно неуместно. Если мать видит, что ее ребенок с симпатией относится к родственнику, учителю или знакомому, то нужно поставить его в известность о том, какой популярностью он пользуется у ее сына, и добавить, что это ее особенно радует, ведь мальчик очень скучает по своему отцу. Если этот человек польщен ее словами, но не спешит проявлять инициативу, то она может пригласить его на ужин — вместе с семьей, если она у него есть. Возможно, с родственниками она вправе быть более откровенной. Такие шаги должны побудить учителя, лидера группы или соседа оказывать ребенку хотя бы незначительные знаки внимания, которые для него могут иметь большое значение. Например, в молодости я часто носил синий костюм в белую полоску, подражая доброму школьному учителю и тренеру, у которых были такие же костюмы. Мать может предложить своему ребенку вступить в отряд скаутов, заняться плаванием, гимнастикой либо присоединиться к команде малой лиги*, особенно если она слышала, что лидер команды пользуется большим уважением у ребят. Она также может отправить ребенка в летний лагерь.

А если одинокая мать начала встречаться с мужчиной? Конечно, когда она выйдет за него замуж, этот мужчина станет играть важную роль в воспитании ребенка. Но до брака может быть еще далеко. Поэтому матери следует вести себя очень тактично. Даже спустя несколько лет после развода большинство детей все еще надеются, что их родители помирятся и будут жить вместе. Поэтому если у матери или отца начнутся близкие отношения с кем-то еще, то, вероятно, дети станут считать их предателями. Следовательно, родителю нужно быть тактичным и не форсировать события.

Рано или поздно дети узнают, что их мать обедает с друзьями мужского пола. Но ей лучше не приглашать никого из них к себе домой до тех пор, пока она не найдет человека, которым будет действительно гордиться.

* Так называемые «малые лиги» объединяют детские бейсбольные команды. С 1947 года проходит Всемирный ежегодный чемпионат малых лиг. — *Прим. перев.*

Она могла бы избегать даже случайных проявлений чувств, пока дети не познакомятся с ним поближе и не дадут понять, что он им нравится. Ей не следует предлагать ему провести ночь в ее доме или говорить, что она провела ночь у него, прежде чем между ним и детьми установятся теплые и доверительные отношения.

То, что я сказал о матери, справедливо и по отношению к отцу. Очень важно, чтобы к этому совету прислушались оба родителя, потому что желание завести новые знакомства — это обычная реакция на трудности, оскорбления и унижения, связанные с разводом. Именно таким образом бывшие супруги порой хотят доказать самим себе, что они привлекательны, несмотря на неудачу в браке.

Если мать полюбит другого мужчину и начинает подумывать о браке, то ей нужно узнать, каково мнение детей о ее избраннике. Она должна им сообщить, что снова выйдет замуж, и ей важно знать, что они думают о ее решении. Это не означает, что она должна давать детям право вето; многие дети, получающие удовольствие от общения с другом матери, могут стать подозрительными, ревнивыми и враждебными, если узнают, что он собирается стать их отчимом. Возможно, пройдет несколько лет, прежде чем они примут его в этом качестве. Будет правильно, если до и после брака супруги будут поощрять детей выражать свои чувства к родному родителю и отчиму или мачехе.

Некоторые матери-одиночки задали мне вопрос, который, очевидно, их очень беспокоил: «Разве я могу исполнять роль отца так же хорошо, как и роль матери, особенно для моего мальчика?» Думаю, существуют три заблуждения, которые свойственны многим матерям-одиночкам. Первое состоит в том, что они предполагают, будто, пытаясь заменить сыновьям отцов, должны учить их играть в футбол, а когда они станут подростками, обсуждать с ними вопросы секса с мужской точки зрения. Второе заблуждение касается того, что мальчик должен узнавать об этих вещах именно от отца. И, наконец, еще одно заблуждение касается того, что мужчины и женщины смотрят на жизнь совершенно с различных позиций, и один пол почти ничего не знает о мире, в котором живет другой. Матери нет необходимости учить сына играть в футбол. Он может освоить этот и другие виды спорта с помощью тренера и других мальчиков. Также его мать знает достаточно о взгляде на секс как женщин, так и мужчин, и ей не составит труда ответить на вопросы сына. Многие матери будут куда лучшими наставниками и советчиками для своих сыновей, чем их отцы, потому что, как известно, мужчины обычно не любят обсуждать с детьми такие вопросы.

Как я уже говорил, мужчины и женщины хорошо понимают мысли и чувства друг друга. Представители противоположных полов обладают неплохими знаниями друг о друге (конечно, у кого-то их больше, а у кого-то чуть меньше) во многом благодаря отождествлению с родителем другого пола на ранней стадии развития. Поэтому матерям не нужно беспокоится о том, чтобы быть отцами для своих сыновей, — они могут принести им много пользы, просто оставаясь самими собой.

Мать не должна выходить замуж вторично только для того, чтобы у ее детей был отец. Ей следует связывать себя узами брака с другим мужчиной лишь в том случае, если она его любит и знает (насколько это можно знать), что он будет для нее хорошим супругом.

То же самое справедливо и по отношению к отцам. И тогда рано или поздно дети примут нового родителя в качестве отчима или мачехи.

Проблемы неродных родителей

Много лет назад я написал статью, посвященную проблеме неродных родителей, которая, как мне казалось, содержала в себе много мудрости. Но когда я сам стал отчимом одиннадцатилетней девочки, то понял, что ничего не смыслю в этом вопросе. Разочарованный и несчастный, я пришел к консультанту, который специализировался в таких вопросах. Разговор с ней принес мне обегчение, и у меня появилась надежда. Консультант сказала, что все это время я жил в мире иллюзий, полагая, будто ребенок примет меня через год или два после свадьбы. Поэтому в этой неудаче мне не стоило винить только себя. Я всерьез взялся за решение проблемы, периодически посещая семейного терапевта и изучая многочисленные книги и статьи, написанные по этой очень актуальной на сегодняшний день теме. За последние пятнадцать лет количество разводов увеличилось вдвое, и не удивительно, что многие из нас становятся отчимами или мачехами. Я бы начал с заявления о том, что само определение «неродные родители» звучит глупо и противоестественно. Ведь не случайно во многих сказках и рассказах в роли злодеев выступают коварные мачехи и жестокие отчимы. По крайней мере, такими их воспринимают дети, независимо от личных особенностей первых. Ведь после развода или смерти отца мать и ребенок почти целиком принадлежат друг другу, а следовательно, отчим — это человек, который ни с того ни с сего вмешивается в их взаимоотношения. Ребенок воспринимает это как несправедливость, потому что он не давал разрешения какому-то незваному гостю забрать у него половину того внимания, которое раньше уделяла ему мать, и тем более не влюблялся в него. Поэтому отчим вызывает у него сильные чувства ревности и злобы. Чтобы оправдать такое отношение к нему, ребенок должен преувеличить недостатки неродного родителя и игнорировать его положительные качества.

Естественно, в первую очередь я говорю о негативе. Иногда случается так, что некоторые маленькие дети просят родителей вторично выйти замуж или жениться и демонстрируют любовь и привязанность к мачехе или отчиму. Но все-таки отрицательное отношение к неродным родителям преобладает.

Обида детей по поводу вторжения в их семью незваного гостя проявляется в явном недружелюбии, непослушании и грубости. Подобное отношение рано или поздно выведет из себя даже самого терпеливого и понимающего человека. Отчим или мачеха, ставшие сердитыми и раздражительными, начинают открыто критиковать детей. Те же считают такое отношение доказательством враждебного отношения к ним со стороны неродного родителя. Это дает им право вести себя еще хуже.

Отчим укоряет свою супругу в том, что она воспитала таких непослушных детей, и просит ее оказать на них воздействие. Детям же кажется, что отчим пытается настроить мать против них. Несчастная мать уже не знает, кому ей угождать. Как бы она ни поступила, ее действия непременно кого-то обидят или спровоцируют отчуждение.

Что касается моего опыта неродного отцовства, то мать Джинджер почти целиком находилась в ее распоряжении. Ведь у девочки не было серьезных конкурентов с семи лет, когда ее родители развелись, и до тех пор, пока в семье не появился я (а тогда ей было уже одиннадцать).

Мы с Мэри встретились на конференции, проходившей в Калифорнии, где она жила в то время. Мы сразу полюбили друг друга. Так что еще до того, как Джинджер получила возможность со мной познакомиться, нас с Мэри уже связывали глубокие чувства. Девочке казалось, что ее обокрали и лишили права выбора.

Мы с Мэри были так увлечены друг другом, что почти не уделяли внимания чувствам девочки. Затем Мэри приехала ко мне на Виргинские острова, чтобы мы получше узнали друг друга и чтобы она могла определить, нравится ли ей жить на парусной лодке. С тех пор, как я закончил преподавание в медицинской школе и вышел на пенсию, я стал проводить зимы на Виргинских островах. Жил на парусной лодке, а на лето отправлялся в штат Мэн. Во время двух первых визитов Мэри на Виргинские острова Джинджер жила у наших хороших друзей, но, как они сказали, девочка чувствовала себя несчастной и не слушалась их. Поэтому в третий раз мы решили взять ее с собой; к нам также присоединился один из наших друзей. Джинджер была холодна со мной и вела себя достаточно грубо, так что один раз я даже не выдержал и возмутился.

Когда Джинджер повзрослела и стала более решительной, она научилась укорять и меня, и свою мать в том, что из-за нас она чувствует себя нелюбимой и брошенной, что ею пренебрегают. Мы, конечно, были виноваты в том, что не проявили должного внимания к ее мнению, но я думаю, что чувства Джинджер отражали ситуацию несколько односторонне.

Когда спустя десять месяцев после нашего знакомства мы собирались пожениться, Джинджер захотела, чтобы мы поселились в Арканзасе, — там она выросла, там жили ее бабушки и дедушки, которые были от нее без ума, а также ее отец. Мы согласились переехать в Арканзас. Поговорив с отцом Джинджер, решили, что несколько месяцев в году, когда мы будем отправляться на Виргинские острова, она может проводить с ним. Но год спустя, когда строительство дома было закончено, отец Джинджер изменил свое решение, заявив, что девочка должна жить с ним постоянно или не приезжать к нему вовсе.

Джинджер жила с нами в Арканзасе весной и осенью, а во время весенних и рождественских каникул тоже отправлялась на Виргинские острова. Вначале она наотрез отказывалась путешествовать с нами в Мэн, который казался ей холодным и неуютным. Но когда через год она наконец согласилась туда поехать, ей очень понравилось проводить время на берегу озера в компании друзей. Но она не хотела выходить с нами в море до тех пор, пока мы не оказали на нее давление.

Мы взяли Джинджер с собой в поездку в международный детский лагерь и на детский фестиваль в Советский Союз, куда меня пригласили с целью изучения условий ухода за детьми. Она ездила с нами в Зальцбург, Венецию, Париж и Токио, где я делал доклады на конференциях. Иногда, когда мы с Мэри отправлялись в плавание, Джинджер оставалась с друзьями в Арканзасе, но это никогда не было лучшим решением.

Как-то однажды, поддавшись на ее уговоры, мы решили в июле остаться в Арканзасе и не поехали в Мэн. Но вместо того, чтобы приглашать друзей в наш дом на берегу озера, как мы ей предлагали, почти все свободное время Джинджер проводила в городе. Мы ее почти не видели и жалели, что решили остаться здесь.

Мне кажется, что в первые три или четыре года Джинджер редко смотрела на меня или разговаривала со мной. Приходя домой со школы, она тут же шла к себе в комнату, даже не посмотрев на меня и не обменявшись со мной ни единым словом. Я здоровался с ней, но ответом было лишь молчание. Когда я ей об этом сказал, она ответила: «Я с тобой поздоровалась, но тихо, так что ты не услышал». Когда ей случалось опоздать на автобус, и я подвозил ее на машине, то, сколько ни пытался я с ней заговорить, в ответ всегда слышал еле внятное «да» или «нет».

Один или два раза в год я взрывался: «Джинджер, в мои семьдесят пять лет я успел повидать тысячи людей, но ни один из них не был так груб со мной, как ты!» Мне казалось, что в эти минуты на ее лице появлялась едва заметная улыбка.

Словно мне было мало того, что Джинджер не хотела признавать меня своим отчимом, я добавлял себе проблем еще и тем, что критиковал ее и пытался исправлять ее ошибки. Например, она ела руками жареную курицу, отщипывая от нее один маленький кусочек за другим и буквально погружала свои пальцы в соус. (Мэри была уверена, что Джинджер делала это затем, чтобы меня позлить.) Или же она демонстративно отказывалась пользоваться прибором для выпрямления своих зубов. Я пытался ее заставлять, но, боже мой, к чему это приводило! В ее комнате постоянно царил беспорядок, и каждое утро она оставляла мочалку в мыльнице, заполненной водой, — как я ни пытался ей объяснить, что так мочалка никогда не высохнет и только испортится, все было напрасно.

Чем сильнее я расстраивался, тем больше мне хотелось ее критиковать, например, за то, что она не слишком часто ходила к друзьям (согласно моим стандартам взрослого жителя Новой Англии) или за то, что она говорила: «Я вместе с ним сегодня опоздала в школу».

Джинджер и Мэри вынуждены были жить очень экономно, но после того, как мы поженились, Джинджер всегда заказывала в ресторане бифштекс или омаров. На свои карманные деньги она каждый месяц покупала себе одежду в лучших магазинах, и когда у нее не оставалось ни гроша, просила дать ей взаймы. Я чувствовал, что она делала из меня простофилю, но когда протестовал, Джинджер холодно спрашивала: разве не правда, что я зарабатываю много денег?

Она рассказывала нам истории о безграничной щедрости отцов своих подруг, которые давали им достаточно денег на покупку одежды и автомобилей. Джинджер, естественно, хотела сказать, что мы должны быть, по крайней мере, такими же щедрыми, и при этом совершенно игнорировала все то, что мы для нее делали. Это всегда злило меня.

Из-за того, что успеваемость Джинджер становилась все хуже и ее шансы поступить в университет с каждым годом уменьшались, мы, несмотря на протесты, отправили ее в школу-интернат. Она не могла даже представить себе, что учеба там доставит ей удовольствие. Большую роль тут сыграло и то, что она понравилась в новой школе мальчикам и девочкам. Вскоре и отметки ее стали заметно выше. Однако она постоянно твердила, что мы отправили ее туда лишь для того, чтобы от нее избавиться (так в свое время поступил ее отец). Я ей клялся, что учеба в школе-интернате была самым счастливым периодом моего детства, и напоминал, что даже ее отцу пребывание там в конце концов понравилось, но она не хотела меня слушать.

Я чувствовал, что во всех наших спорах Джинджер оставалась победительницей, так как мне никогда не удавалось убедить ее в справедливости какой-либо из моих позиций. Казалось, она еще больше утверждалась во мнении, что я подлец.

Я часто хотел, чтобы Мэри отчитала Джинджер, но, вполне понятно, она не имела большого желания делать то, что заставит дочь думать, будто мы вдвоем ополчились против нее одной. Мэри говорила друзьям, что требования Джинджер и мои противоречили друг другу, и это заставляло ее чувствовать себя неловко. Но все же, когда Мэри с сочувствием выслушивала мои жалобы, у меня на душе становилось спокойней.

Со временем Джинджер и я стали хорошими друзьями. Как нам это удалось? Первый фактор — время: три или четыре года девочка считала меня своим заклятым врагом, в последующие четыре или пять лет ситуация потихоньку улучшалась.

Дело в том, что Джинджер постепенно выходила из того возраста, в котором чувствовала зависимость от матери, в ней росло и крепло желание быть независимой. Поэтому я перестал представлять для нее такую угрозу, как прежде. Думаю, мы начали лучше понимать страхи друг друга и осознали, что действия каждого из нас не могут поставить под вопрос существование одного из нас.

Теперь я даже иногда занимаю сторону Джинджер, когда она о чем-то спорит с моей супругой. Время от времени она ссылается на меня как на своего отца, что греет мое сердце, хотя, конечно, я не хочу принижать значимость ее родного отца. Но когда мы обсуждаем проблемы наших прошлых взаимоотношений, ее воспоминания настолько отличаются от моих, что кажется, будто мы ведем речь о двух совершенно разных семьях.

Окидывая взглядом свое прошлое, я считаю, что мы бы подружились с Джинджер быстрее, если бы я обладал лучшим самоконтролем и воздерживался от критики ее поведения. Все эксперты, пишущие работы о взаимоотношениях отчима или мачехи с ребенком, в один голос заявляют, что неродной родитель не должен с самого начала совместной жизни особо контролировать дисциплину. Ведь в ответ он вряд ли услышит что-то, кроме: «Ты не мой родитель, и я не обязан тебя слушаться!» Но это не означает, что неродному родителю следует закрывать глаза на все провинности ребенка. Нет, речь идет лишь о том, что ему необходимо дождаться, когда доверие к нему мальчика или девочки вырастет настолько, что он получит право принять участие в его воспитании, к чему он, разумеется, призван.

Должен ли я был оставить на несколько лет плавание? Это было бы для меня очень суровым испытанием, и я не уверен, что оно привело бы к серьезным сдвигам в наших отношениях. Глупо было бы терпеть напрасно подобные лишения.

Конечно, беседа с семейным консультантом могла пойти Джинджер на пользу, но она отказывалась его посещать. Пару раз нам удавалось ее уговорить, однако после сеанса она заявляла, что ей больше нет необходимости туда ходить, потому что во всем виноваты только мы с Мэри.

Проблем, с которым сталкивается неродной родитель, куда больше, чем я упомянул. В некоторых случаях мужчина и женщина, вступающие в брак, имеют собственных детей, которым отныне предстоит уживаться и друг с другом, и с новым родителем. Семью могут лихорадить отношения между бывшими супругами, которые часто не могут прийти к согласию по поводу в основном права на посещения и выплаты алиментов. Дети разного темперамента и возраста будут реагировать на эти обстоятельства по-своему.

Роль бабушки и дедушки

Для детей, конечно же, самые близкие люди — это родители. Особенно это видно по тому, как сильно дети боятся потерять своих родителей, — во время катаклизмов, реальных или воображаемых. Ребенок говорит: «Кто будет заботиться обо мне, если мои родители умрут?»

Но могут ли бабушка и дедушка предложить им что-то особенное? Думаю, да.

Во-первых, дети чувствуют, что их физическая и эмоциональная безопасность целиком зависит от взрослых, поэтому они ценят любого родственника, который может позаботиться о них в отсутствие родителей. Я слышал, как некоторые из них, общаясь с друзьями, с гордостью перечисляли свою родню: «У меня две бабушки, один дедушка, пять дядей и пять тетей, а еще девять двоюродных братьев и сестер». Я думаю, что дедушку или бабушку ребенок считает более полезными, чем дядю и тетю, так как у последних есть свои собственные дети, о которых они будут заботиться в первую очередь.

Конечно, на самом деле дедушки и бабушки нередко оказываются не более надежными, чем люди молодого возраста, и степень их популярности среди детей варьируется. Некоторые бабушки терпеть не могут шума и беспорядка, которые устраивают дети. У меня было две бабушки, обеим было лет по шестьдесят. Они носили черные кружевные платья с высокими воротниками, поддерживаемые тесьмой из китового уса. Их лица всегда выражали неодобрение. Нам, детям, было велено в их присутствии вести себя очень вежливо и спокойно. Сегодня не очень много бабушек, которые так болезненно реагируют на шум, производимый детьми, но достаточно таких, которых даже непродолжительное общение с внуками изматывает и лишает терпения.

Есть также бабушки и дедушки, которым забота о внуках доставляет даже больше удовольствия, чем некогда они получали от общения с собственными детьми. Многие из них спрашивали меня: «Почему с моими детьми мне не было так хорошо, как с внуками?» По-моему, это связано с тем, что природа наделила родителей огромным чувством ответственности за здоровье и безопасность своих детей, а также за воспитание в них положительных нравственных качеств.

Они чувствуют себя обязанными постоянно напоминать: «Надень пальто — на улице холодно», «Осторожно переходи улицу», «Поблагодари миссис Дженкинс» или «Ты мне всегда должен говорить правду».

Когда вы бабушка или дедушка, то можете вместе, как и их родители, гордиться своими внуками и получать удовольствие от их положительных качеств, не чувствуя вместе с тем себя ответственными за каждый их поступок или черту характера. Более того, вы можете общаться с детьми до тех пор, пока это общение не начнет утомлять или раздражать вас. В любой момент вы вправе сказать: «Хватит!» — и вернуть внуков их родителям.

Я помню, что, когда мои дети были маленькими, время от времени мне приходилось ездить на семинары. Оказавшись вдали от дома, я начинал скучать по детям, с любовью вспоминал об их положительных качествах и с раздражением спрашивал: почему, находясь с ними рядом, я так часто их критикую? И тут же принимал решение, что никаких упреков от меня они больше не услышат. Относиться же к детям я буду только снисходительно. Но стоило мне оказаться дома, как ко мне возвращалось прежнее желание наблюдать за их поведением и исправлять их ошибки. Я не говорю, что постоянно их бранил, но мне следовало бы чаще показывать, как я их ценю и какое удовольствие мне доставляет общение с ними. Нет сомнений в том, что детям очень важно слышать слова одобрения, без которых они просто увянут.

В качестве другой крайности я назову тенденцию некоторых бабушек и дедушек вредить своим внукам — они заваливают их подарками, лакомствами, предоставляют им слишком много привилегий и делают вид, что не обращают внимания на их проступки. Я не думаю, что если бабушка или дедушка будут иногда баловать своих внуков, то это нанесет тем какой-то серьезный вред. Дети легко приспосабливаются. Они могут приноровиться как к снисходительной бабушке, так и к строгому учителю, не забывая вместе с тем, чего ждут от них родители. (Подобным же образом они знают, как вести себя с отцом и матерью, придерживающимися разных подходов к дисциплине. Это превращается в проблему только тогда, когда один родитель начинает открыто критиковать мнение другого.)

Потакание детям со стороны бабушек и дедушек становится нежелательным тогда, когда те проводят с семьей очень много времени и часто дают внукам те привилегии, которые их родители не одобряют. Также плохо, если бабушка разрешает внуку нарушать запреты матери или обвиняет ее в использовании неправильных методов воспитания на глазах у ребенка. Такое потакание прихотям внуков со стороны бабушек и дедушек нельзя объяснить одной лишь добротой; оно отражает непрекращающийся конфликт между бабушкой или дедушкой и родителем, который затронул не только реальные проблемы, но и детей.

Жизнь рядом с мягкосердечной бабушкой или другим родственником удобна для ребенка тем, что когда, по его мнению, родитель поступит с ним несправедливо, то всегда можно пойти за утешением к бабушке, которая обязательно все поймет и успокоит: «Бабушка знает, что иногда тебе грустно, и она тебя очень любит». Бабушка или дедушка не должны критиковать родителей, так как подобное вмешательство просто недопустимо. Но им нет надобности усиливать «дисциплинарные взыскания». Все, что от них требуется, — это любовь и понимание.

Когда бабушка относится к ребенку слишком снисходительно, вызывая тем самым раздражение родителей, это еще полбеды. Совсем другое дело, когда она обращается с ним слишком сурово, хочет наказать или как-то иначе демонстрирует враждебность. Родители будут правы, если решат, что не имеет смысла и дальше терпеть поведение бабушки или дедушки, которое пугает или ранит душу их сына или дочери. Обычно бывает достаточно просто твердо заявить, что с таким методом воспитания они не согласны, и так больше продолжаться не может. Если это не поможет, то придется попросить дедушку и бабушку переехать или прекратить встречаться с внуками. Возможен и более мягкий подход, когда родители будут изредка наведываться с детьми в дом бабушки и дедушки, оставаясь там совсем недолго, что поможет избежать ненужных споров и ссор.

Как поступить родителям, если бабушка или дедушка живут в их доме или по соседству и постоянно в присутствии детей критикуют их методы воспитания? Это порой просто сводит родителей с ума, особенно если они сами еще очень молоды и чувствуют над собой власть своих родителей. Важно, чтобы мать и отец ребенка обсудили между собой эту проблему и выработали схожую позицию. Я подчеркиваю это, потому что иногда один родитель может занимать сторону своей матери или отца и выступать единым фронтом против второго родителя, что пагубно скажется на их браке. Лучше, когда оба родителя объяснят, что их не устраивает и что они хотят видеть взамен. Не обязательно разговаривать на повышенных тонах. Хотя нередко родители чувствуют, как начинают закипать, когда решают отважиться на такой разговор с деспотичным дедушкой или бабушкой, и им следует сдержать свои эмоции. На самом деле, если супруги сумеют изложить свои взгляды убедительно и спокойно, это произведет на собеседника гораздо более сильное впечатление, чем обвинения и упреки.

Я знал много семей, в которых с уважением и любовью относятся к бабушке или дедушке, несмотря на то, что молодые родители не в состоянии убедить его или ее в необходимости следования их методам воспитания. Например, бабушка настаивает на том, что нужно кормить ребенка насильно, или щекочет его до тех пор, пока у него не начинается истерика. Она также может пугать его насекомыми или рассказывать страшные истории либо заставлять сидеть рядом с собой на скамейке, когда тому хочется пойти порезвиться на траве или покататься на качелях. Верно говорят, что старую собаку сложно научить новым трюкам. Если родители видят, что, несмотря на многочисленные терпеливые объяснения, отношение бабушки или дедушки к детям остается прежним, то у них есть два пути. Либо смириться, если, как кажется, ребенку не наносится большой вред, или держать неумелых воспитателей подальше от детей и лишь время от времени наносить им краткие визиты.

Присутствие бабушки, которой общение с внуками доставляет удовольствие, особенно важно для тех детей, которые растут без матери из-за развода родителей, либо мать их тяжело болеет или умерла. Заменить отца мальчику или девочке, живущим с одной матерью, может и общение с любящими бабушкой и дедушкой. Это имеет большую ценность даже для детей, которые воспитываются в полных семьях, но особенно важно такое общение для детей тогда, когда один из родителей отсутствует.

Если бы бабушка или дедушка спросили у меня совета, я бы ответил: извлекайте максимум удовольствия от общения с внуками. Старайтесь не делать того, что вызывает недовольство у родителей, причем не важно, насколько сильны ваши убеждения. Обсуждайте с родителями ваши расхождения во мнениях, не забывая о том, кому принадлежит право последнего слова. Не перегружайте внуков историями и подарками. Дети полюбят вас сильнее, если вы будете внимательно и с интересом слушать то, что они хотят вам рассказать. Если вы не выказываете своего неодобрения, то дети будут рассказывать вам все больше и больше. А слушать их истории и комментарии всегда интересно.

Назойливая бабушка

Прежде всего, мне хочется отметить, что большинство бабушек, которых я знаю, отличаются мудростью и тактичностью. Молодые матери с удовольствием обращаются к ним за советами, помощью или утешением.

Но существуют и назойливые бабушки, которые не будут ждать до тех пор, пока вы догадаетесь попросить у них совета. Они имеют свое мнение по поводу всего, что касается ухода за детьми. Примечательно, что их взгляды прямо противоположны взглядам матери. Некоторые бабушки не ограничиваются простым пожеланием, они твердо заявляют: «Ты должна...» или «Ты не должна...».

За годы педиатрической практики я составил внушительный список того, за что бабушки любят критиковать молодых матерей. Например, мать прочитала, что многие родители одевают на детей слишком много одежды (довольно справедливое замечание), и теперь она старается одевать ребенка так, чтобы он чувствовал себя более свободно и комфортно. Ничто не беспокоит бабушку так, как вид легко одетого внука или внучки, — это способно довести ее до безумия. Я как-то получил письмо от одной отчаявшейся бабушки, которая требовала, чтобы я написал ее дочери и сказал ей, что если на улице стоит морозная погода, то она обязательно должна одевать детей в шубы. Представляю, какое удивление появилось бы на лице у матери, получи она такое письмо от человека, никогда не видевшего ни ее детей, ни их шубы!

В 1940-е годы, когда педиатры от жесткого расписания кормления пришли к мнению, что ребенок должен сам решать, сколько смеси ему съедать за одно кормление, бабушки, обученные в свое время следовать жесткому расписанию и строго соблюдавшие его, забили тревогу. Склонные к деспотичности порицали дочерей за приверженность новым взглядам, казавшимся им полной анархией.

Вот еще несколько изменений в педиатрической практике, произошедших за последние сорок лет, которые вызвали беспокойство у бабушек и заставили некоторых из них докучать матерям своими советами и угрозами.

Им не нравилось, когда капризным детям или тем, кто постоянно сосал палец, советовали давать пустышку. Пустышки раньше считались чем-то «грязным и отвратительным», но даже спустя много лет после изменений в педиатрической практике многие бабушки оставались при своем мнении.

Раньше приучать ребенка к туалету начинали, когда ему исполнялся год или два. Но потом врачи пришли к выводу, что лучше подождать до трехлетнего возраста, когда дети сами смогут понять необходимость такого обучения. Однако бабушки расценили это как пренебрежение здоровьем и хорошими манерами детей.

Обычай удалять гланды или аденоиды на том основании, что со временем они могут увеличиться в размерах, или что из-за них ребенок будет чаще простужаться, или иметь худший аппетит и медленнее прибавлять в весе и даже чаще видеть кошмары, остался в прошлом. Но многие бабушки (включая мою мать) считали отказ от этой практики шагом назад, достойным сожаления.

Я перечислил несколько нововведений в педиатрической практике, заставивших бабушек сильно поволноваться.

Конечно, у них есть множество поводов для беспокойства и желания вмешаться в воспитание внуков. Например, сыпь на коже ребенка, не вызывающая опасений у доктора, заставляет бабушку испытывать тревогу и опасения; или же шумное дыхание в первый год жизни ребенка может заставить беспокоиться родителей до тех пор, пока доктор не объяснит, что здесь нет ничего опасного, а бабушка, тем не менее, захочет обратиться еще к нескольким докторам. Если у ребенка небольшие проблемы с сидением и ходьбой, но при этом он по своему умственному и социальному развитию опережает других детей, то бабушка все равно может настойчиво твердить родителям, что их сын или дочь развиваются не совсем нормально и, скорее всего, они умственно отсталые. Не каждый родитель способен спокойно выслушивать такой вздор.

Что заставляет некоторых бабушек так внимательно следить за поведением матерей? Во-первых, обеспокоенность тем, что молодая мать еще не умеет достаточно хорошо воспитывать детей. А возможно, страх, что доктор, особенно если он младше бабушки, не имеет достаточно опыта для того, чтобы поставить правильно диагноз и лечить ребенка; кроме того, бабушка может опасаться, что мать неверно описала доктору симптомы предполагаемой болезни.

Если бы, предположим, вы смогли проследить развитие личности бабушки в обратном порядке вплоть до самого ее детства, то, вероятно, отметили бы, что она всегда была беспокойной, но для того, чтобы это компенсировать, вела себя догматично. Я подозреваю, что когда в возрасте одного–двух лет будущая бабушка впервые пыталась утвердить себя как индивид, ее мать, также весьма деспотичная особа, инстинктивно пыталась воспрепятствовать этому процессу, ограничивая ее свободу. Тревога, связанная с тем, что она не сумеет получить столько независимости, сколько ей полагается в каждом возрастном периоде, заставила бабушку в более старшем возрасте стать настойчивой и непреклонной во мнениях. Таким образом, страх, что ей будут помыкать, заставил ее саму стать «командиром», и, по всей видимости, эта трансформация происходила с представителями нескольких поколений.

Проблема назойливой бабушки становится еще острее, если она доминировала над дочерью с раннего детства и диктовала ей свою волю. Тогда дочь могла вырасти неуверенной в своей способности принимать мудрые решения и, что более важно, неспособной противостоять своей матери. Положение подневольной ее угнетает, она клянется, что будет сопротивляться давлению со стороны матери, но она слишком зажата для того, чтобы воплотить задуманное в жизнь. Все, на что способна такая женщина, — это жаловаться мужу и подругам. Раздражение и обида будут накапливаться в ней, и время от времени она может в присутствии матери резко высказывать свое недовольство. Но возмущение матери по поводу такой «грубости» и «неуважения» снова вернет дочь под ее контроль. Я очень хорошо помню случай, когда одна бабушка по меньшей мере через день, звонила своей взрослой дочери, у которой уже были дети, и спрашивала: «Что у вас сегодня на обед?» Та прекрасно знала, какой оборот примет их дальнейший разговор, но после двадцати пяти лет совместной жизни была слишком напугана, чтобы поступить так, как ей хотелось. «Солонина с капустой», — отвечала она покорно, и бабушка тотчас заявляла: «Хорошо, я зайду к вам сегодня». И на протяжении всего вечера явным или скрытым образом она поучала и критиковала свою дочь.

Бабушка подобного типа рассчитывает на смирение и покорность со стороны матери ее внука, которая может демонстрировать покорность тем, что будет безропотно выслушивать все ее наставления. Или же если бабушка вступает с ней в спор, то отвечать ей раздраженным, а не уверенным тоном, как будто заранее зная, что все равно не сумеет отстоять свое мнение. А если молодая мать вдоволь наслушается речей бабушки и наконец не выдержит и возмутится, это тоже будет свидетельством того, что она чувствует свое поражение. Возможно, это успокоит (а может, и нет) бабушку на несколько минут, но обе будут прекрасно понимать, за кем осталась победа.

Несмотря на всю сложность, эта проблема имеет несколько решений. Суть одного из них в том, чтобы молодые родители переехали в другой город. Но наверняка это будет лишь частичным решением, потому что бабушка сможет постоянно им названивать, желая получить подробную информацию о состоянии здоровья и поведения ребенка, а затем дать целый ряд указаний.

Более конструктивный способ — решительно отказаться впредь во всем подчиняться воли бабушки. Не исключено, что матери понадобится помощь консультанта: работника семейной социальной службы, педиатра или семейного врача, психиатра, психолога, священника, имеющего опыт консультирования, или просто мудрого друга.

Чему мать должна обязательно научиться, так это тому, чтобы не замечать или предотвращать вмешательство, прежде чем она потеряет над собой контроль. В том, что касается здоровья ребенка и ухода за ним, легче всего избежать нежелательного вмешательства, сославшись на авторитет доктора: «Я показывала сыпь доктору Дженксу, и он сказал, что повода для беспокойства нет. Он уверен, что скоро все пройдет и лечение в этой ситуации не требуется», «Доктор сказала, что время для сна, необходимое детям, нередко варьируется. Она полагает, что выписывать лекарство нет необходимости».

Затем если бабушка начнет муссировать эту тему, то мать может изобразить скуку или рассеянность и сменить предмет разговора («Если уж мы заговорили о сне...»). Иными словами, она пытается не наступать два раза на одни и те же грабли, отказываясь повторять свой ответ громче или с нотками раздражения в голосе. Тем самым она как бы говорит бабушке следующее: «Я довольна советом доктора. Мне не нужны другие консультанты. Я ничуть не обеспокоена и на самом деле мне немного скучно».

Этот способ требует большой практики, и вначале у матери все будет получаться не слишком удачно. Но такой способ кажется мне очень разумным и действенным.

Еще один подход состоит в том, что мать может вызвать бабушку на откровенный разговор и сказать ей, что, по ее мнению, та выказывает слишком много недоверия, что портит их взаимоотношения. Ребенок принадлежит ей, и у нее есть хороший доктор. Родители относятся к его воспитанию ответственно и дают ребенку все, что нужно. У малыша нет никаких проблем. Мать желает, чтобы бабушка оставила свои сомнения и критику при себе. Но такой откровенный разговор требует от матери намного больше смелости, чем предыдущий подход.

Сейчас я могу удивить вас. Когда вы научитесь защищаться от претензий бабушки, то, возможно, больше не станете возражать против ее сомнений и беспокойств и будете готовы отвечать ей по существу вопроса. Дело здесь в том, что, преодолев свою нетерпимость к критике и не чувствуя больше, что над вами доминируют, вы перестанете испытывать страх перед назойливой бабушкой. В конце концов, она не способна отнять у вас ребенка. Она не может причинить вам физический вред. И маловероятно, что она пожалуется на вас властям!

Какова роль отца в этом конфликте? Он должен быть всегда рядом со своей женой, уверяя ее в том, что она поступает правильно и что бабушка просто заблуждается. Более того, ему следует принимать участие в сопротивлении натиску со стороны бабушки, независимо от того, будет ли она использовать второй («легкая скука») или третий (прямой) подходы. Даже если отец считает, что одно или два замечания бабушки довольно полезны, он никогда не должен говорить об этом в ее присутствии, а обсудить все можно только оставшись наедине с женой. Доминирующая бабушка не преминет злоупотребить поддержкой, полученной от главы семьи.

Если бабушка приходится матерью мужу, то его обязанность противостоять ее нападкам вместе с женой еще более ответственная. Назойливая бабушка даже до появления в семье ребенка будет пытаться встать между своим сыном и его женой, чувствуя, намекая или открыто заявляя о том, что он ошибся в выборе. Поэтому чтобы бабушка незаметно не перетянула его на свою сторону, ему следует быть очень внимательным и принципиальным.

Когда дети подрастут, могут возникнуть другие проблемы: бабушке может показаться, что якобы из-за плохих методов воспитания они стали непослушными, неосмотрительными, агрессивными или грубыми. Тогда родители могут — и, я думаю, должны объяснить детям, — что бабушка просто ненавидит беспорядок, она любит тишину и хорошие манеры и что, придя к ней в гости, не нужно делать того, что может вызвать у нее раздражение.

Тем не менее, если бабушка все же находит повод для критики, я бы посоветовал родителям извиниться и попытаться сократить время визита до минимума. Как родитель я бы обсудил с бабушкой наедине ее критику, особенно если критика неконструктивна и если есть надежда, что бабушка изменит свое отношение к вопросам воспитания внуков.

Но если, несмотря на «разъяснительную работу» родителей с бабушкой и детьми, посещения по-прежнему вызывают у детей неприятное чувство, то можно сократить их число и продолжительность.

Отпуск без детей

Как только не поступают родители со своим отпуском. По финансовым соображениям миллионы людей предпочитают вовсе отказаться от него. Другие, куда бы они ни поехали, берут с собой детей, так как их не с кем оставить или потому что уверены: семья все время должна быть вместе. Конечно, проводить отпуск отдельно от детей — это в каком-то смысле роскошь, которую могут себе позволить лишь люди с высоким уровнем доходов или имеющие достаточно щедрых бабушку и дедушку, которые готовы выделить им кругленькую сумму (или имеют возможность и желание заботиться о внуках, когда родители отправляются в отпуск).

Я не могу представить ситуацию, в которой детям будет полезно, если их оставят дома, и я, например, не думаю, что недельное отсутствие родителей повысит степень независимости и самодостаточности их чад. Маленькие дети будут беспокоиться в любом случае. Более старшие и самостоятельные легче могут переносить подобные разлуки. (Летний лагерь для детей от четырех до восьми лет, если родители могут его себе позволить, — это другое дело. Не исключено, что жизнь в таком лагере поможет зависимому ребенку приобрести чувство независимости, если ему или ей удастся преодолеть тоску по дому, которая будет одолевать их в течение первой недели. В лагерях совершенно другая обстановка, помогающая ребенку стать новой, взрослой личностью.)

С другой стороны, недельный отпуск вдали от детей, но желательно с мужем может стать большим облегчением для перегруженной работой матери при условии, что она сможет найти себе хорошую замену. В противном случае, она может провести весь отпуск, постоянно думая и беспокоясь о своем ребенке. Хотя она будет чувствовать беспокойство в любом случае — такова участь всех матерей, привязанных к своим детям.

Как бы странно это ни звучало, но, исходя из своего опыта работы педиатром, я знаю, что больше всего матери ждут отпуска, когда их первому ребенку исполняется два или три месяца. До появления младенца на свет они плохо представляли себе, что им придется отвечать за жизнь совершенно беспомощного существа, которое умеет выражать свои потребности только при помощи плача. Молодому родителю будет казаться, что младенец плачет или, по крайней мере, волнуется большую часть времени.

Не так давно я вновь оказался в такой ситуации, когда дважды отправлялся навестить моих внуков (мальчика и девочку) и предлагал родителям присмотреть за детьми, пока они будут спать. Конечно, ухаживать за двумя детьми сложнее, чем за одним; мне казалось, что не успевал я успокоить одного из них, как через пару минут другой (а может, и тот же) начинал хныкать, ворчать или пищать. Я не успевал наполнять бутылочки новыми порциями смеси. Хотя в действительности у детей не было особых проблем, они хорошо прибавляли в весе, и каждый из них мог спать довольно долго. То, о чем я говорю, это отношение к новорожденному неопытного родителя (или дедушки), который испытывает необходимость быть постоянно начеку, даже когда малыш спит, и стремление удовлетворять все его потребности.

Общение с близнецами напомнило мне о случаях из моей педиатрической практики, когда некоторые начинающие родители хотели на какое-то время отправиться в отпуск, объясняя свое желание различными причинами. Я сейчас не имею в виду ответственных и принципиальных родителей, а только тех, кому этой ответственности не хватает. Одна мать объясняла, что должна срочно отучить ребенка от груди, так как она хотела бы вместе с супругом съездить на вечер выпускников в колледж, в котором они вместе учились. Другая сетовала на то, что кормление младенца грудью мешает ей поехать в Чикаго, чтобы купить там недостающую мебель для детской комнаты, потому что «как всем известно, в ее городе почти не из чего выбирать!».

Главная проблема, о которой стоит задуматься родителям, желающим отправиться в отпуск без детей, касается страха расставания с ними. Наиболее отчетливо это можно проследить в возрасте между восемнадцатью и тридцатью тремя месяцами.

Например, мать решает устроиться в офис на полный рабочий день или ее вызывают в другой город, чтобы ухаживать за бабушкой, которая серьезно заболела. Она оставляет ребенка с няней, нанятой в агентстве. Во время отсутствия матери, независимо от того, сколько дней или недель ее нет дома, он ведет себя хорошо. Под присмотром няни он шалит намного реже: ребенок глубоко обеспокоен исчезновением матери, но в этом возрасте тоска и тревога выражаются через покорность. По-настоящему его чувства проявляются тогда, когда мать возвращается домой. Ребенок бросается к ней и хватает ее за руку. Если она идет в другую комнату, он вскакивает, начинает плакать и бежит за ней следом. Заметив няню, он пытается грубо выпроводить ее из комнаты. Когда в этот вечер мать укладывает его спать, он крепко хватается за ее руку и не отпускает. Если ей удается освободить руку, то ребенок без малейших колебаний может перепрыгнуть через край колыбельки (возможно, поступив так первый раз в жизни) и пойти за ней. Если мать уговорит его остаться в кроватке, то он может провести всю ночь в полулежащем положении, лишь изредка погружаясь в легкую дрему. И так может продолжаться недели или даже месяцы.

Бывает так, что из-за болезни ребенок очень долгое время практически не видит родителей. Если из-за острого и серьезного заболевания либо из-за хронической болезни он вынужден находиться в больнице в течение многих недель, и родители навещают его всего один раз в неделю, то ребенок может потом наказать их тем, что откажется их признавать.

Лечение страха расставания проходит очень тяжело и для отца, и для матери. Они должны избегать поездок на протяжении ближайших месяцев, и им приходится сидеть возле колыбели малыша до тех пор, пока он не заснет; а в первое время это может занимать до двух часов.

Но профилактика лучше, чем лечение. Если родители в состоянии это себе позволить, то с первых недель жизни младенца лучше всего пару раз в месяц приглашать постоянную няню или родственника на время похода родителей в кино, ресторан или в гости к друзьям. Таким образом, с самого начала своей жизни ребенок будет знать, что о нем могут хорошо позаботиться и другие люди, и что родители всегда к нему возвращаются.

Если мать собирается устраиваться в офис на полный рабочий день или решает взять отпуск, а у ребенка еще никогда не было постоянной няни, то мать может нанять женщину для ухода за ребенком по крайней мере за две недели до этого события. Сперва она будет просто сидеть возле малыша, а затем постепенно начнет что-то делать для него. Когда ребенок ее примет, мать может оставлять его одного сначала на час, а потом и на более длительное время.

Страх расставания будет наверняка намного меньшим, если в семье есть второй ребенок более старшего возраста или если дома останется отец.

До того как малышу исполнится примерно полтора года, его реакция на неожиданное расставание с матерью может не выглядеть как сильная тревога, а скорее как депрессия: на его лице написана грусть, он плачет больше обычного, у него снижается аппетит. Но если с такой реакцией взрослым справиться легче, это еще не значит, что разлука с матерью не наносит ребенку серьезной эмоциональной травмы.

Младенцы не старше пяти месяцев, на первый взгляд, еще не проводят резкого различия между людьми, которые ухаживают за ними постоянно (мать, отец, няня), и теми, кто один или два раза даст им бутылочку или поменяет пеленки.

Но исследования поведения младенцев показывают, что даже в этом возрасте на различных людей они реагируют по-разному. Что касается влияния расставания на их эмоциональное здоровье, то мы еще мало о нем знаем. Тем не менее нельзя сказать, что разлука с матерью проходит для младенца безболезненно.

После трех лет дети намного лучше понимают смысл объяснения, что их мать уехала не навсегда и скоро вернется, и у них уже неплохо развито чувство времени. Когда мать сообщает ребенку, что через неделю отправится с папой в небольшой отпуск, а затем, когда родители уехали, бабушка или няня говорят, что через несколько дней они снова будут дома, в голове ребенка складывается вполне определенная и четкая картина. Чтобы заполнить существующие в ней пробелы, он будет задавать вопросы. Даже в возрасте старше трех лет детей нужно оставлять со знакомой няней, к которой они испытывают симпатию.

Конечно, я не говорю, что трехлетние дети не тоскуют по родителям, когда тех нет дома. Я до сих пор помню легкое беспокойство и грусть, когда моя мать сопровождала бабушку в Северную Каролину и отсутствовала дома несколько недель. Мне тогда было семь лет, но я мог понять причину ее отсутствия и неплохо справлялся со своими чувствами.

Я думаю, вы понимаете, что я посоветую родителям, желающим отправиться в отпуск, оставив детей с няней или с кем-то из родственников. Если их дети старше трех лет, то я посоветую родителям ехать не колеблясь; препятствием тут может стать лишь серьезная проблема. Лучше сообщить детям о предстоящей поездке заранее, чтобы у них было время задать все интересующие их вопросы.

Если возраст ребенка от трех месяцев до трех лет, то существует риск, что у него может развиться страх расставания. Вероятность, что он разовьется, намного выше, если дома нет старшего брата или сестры, если за ним не будет ухаживать хорошо знакомая ему няня или если отец уедет вместе с матерью. Предположим, родители, несмотря на весь риск, все же хотят уехать. В таком случае напомню, что им нужно позаботиться о том, чтобы заблаговременно, хотя бы за пару недель до отъезда, нанять няню, которая бы сначала просто находилась рядом с ребенком, а затем, по мере того как он к ней привыкал, начала бы постепенно заменять мать.

До трехмесячного возраста, когда, как кажется, младенцы не проводят резкого различия между людьми, ухаживающими за ними, я бы не отговаривал мать, которой действительно нужно отлучиться на пару дней, от поездки. Но опять-таки наличие знакомой няни или родственника — идеальный вариант. Если таковых нет, то лучше нанять няню за несколько дней до отъезда.

Еще один выход, который я могу предложить матерям, ухаживающим за детьми в возрасте от трех месяцев до трех лет, — взять детей с собой. Но для большинства матерей отпуск с ребенком вряд ли будет полноценным. Даже если в том месте, куда отправляются родители, есть возможность нанять няню, то все равно за такой короткий срок ребенок не успеет к ней привыкнуть, тем более что новая обстановка может спровоцировать у него дополнительное беспокойство. Более приемлемый вариант — взять с собой знакомую няню или, например, бабушку, но это, конечно, увеличит расходы. Если родители очень любят то место, куда собираются отправиться в отпуск, и хотят взять с собой детей, чтобы проводить вместе с ними все время или брать их на прогулки, то все нормально. Но это уже не будет отпуск без детей.

Как предупредить стресс во время праздников?

Праздники — это дни, когда члены семьи обычно собираются вместе и весело проводят время. Но мы получаем удовольствие не только от самих праздников, но и от подготовки к ним и, конечно же, от воспоминаний об особых событиях, о забавных происшествиях, сюрпризах и подарках.

Но я как родитель, дедушка и педиатр утверждаю, что праздники могут сопровождаться многочисленными стрессами. Чаще всего их испытывают дети, которым не исполнилось шести лет, и особенно если это Рождество или Ханука, когда эмоции детей достигают апогея. Напряжение может оказаться настолько сильным, что рано или поздно у ребенка будет нервное истощение, и у него могут начаться приступы гнева.

Я приблизительно назову возрастные периоды, когда дети особенно сильно подвержены риску получить нервное истощение. Конечно, нередки случаи, когда дети одного возраста значительно отличаются друг от друга по своей эмоциональной зрелости, поэтому приводимые здесь цифры условны. Родители знают, насколько чувствительны их дети, и им не следует подходить к моим объяснениям буквально.

Предлагая избежать того, чтобы результаты праздников оказались менее драматичными, я не хочу показаться вам деспотом или догматиком. Возможно, вы захотите запустить фейерверк и устроить столько развлечений, что потом сами будете два дня отсыпаться. Однако вы не должны считать себя скупыми или чувствовать вину, если решаете ограничить детей в развлечениях и подарках, которые они получат на праздники или в дни рождения. В конце концов, очень маленькие дети не способны понять, какой подарок или мероприятие вы решили пропустить.

Давайте начнем с проблемы, связанной с очень интенсивной программой развлечений, например на Рождество. Многие родители в дни праздников отличаются таким энтузиазмом, что не хотят пропустить ни одного мероприятия. Они желают сходить и на «Щелкунчика», и на «Мессию» Генделя, и на рождественскую пьесу, и послушать праздничные песнопения. Понятно, что если вы спросите детей, хотят ли они пойти на все эти представления, то они с воодушевлением ответят: «Да!» Но они, конечно, не знают, что рискуют столкнуться с неожиданными проблемами, особенно если им еще не исполнилось пяти лет. Толпы людей, которых они, возможно, видят впервые, могут вызвать у них растерянность и переутомление.

Маленьким детям трудно сохранять сосредоточенность на чем-то одном в течение долгого времени, и продолжительные представления, например концерт или балет, могут им наскучить. Я помню, как взял свою шестилетнюю внучку на «Мессию» и как неловко потом себя чувствовал: утратив интерес к происходившему на сцене, она начала вертеться и стучать ногой по креслу сидящего перед ней мужчины. Я бы сказал, что детям не нужно посещать представления чаще чем раз в несколько дней. Если родители не уверены, что их ребенок готов к участию в том или ином мероприятии, то лучше отложить его до следующего года.

Нельзя забывать и о чувстве страха. Я припоминаю ряд мультфильмов производства киностудий Уолта Диснея и «Уорнер Бразерс», в которых родители могут не видеть ничего предосудительного, так как их создавали специально для детей. Но в действительности многие дети двух—четырехлетнего возраста испытывают страх во время их просмотра. Один из братьев Рокфеллеров говорил, что после показа фильма «Белоснежка и семь гномов» в рокфеллеровском мюзик-холле в Нью-Йорке им пришлось сменить обивку всех кресел, которых там насчитывалось несколько тысяч, потому что все они были мокрыми! В «Щелкунчике» также есть ситуации, способные напугать детей.

В День Благодарения обычно вся семья собирается вместе, с чем и бывает связано большинство проблем. Если родители мужа и жены живут не очень далеко, то они, возможно, захотят навестить своих детей, и каково же будет их разочарование, когда для них не окажется свободных мест или не хватит какого-то блюда. Если их внуки еще очень малы, то супруги могут нанести визит родителям матери в этом году, а родителям отца — в следующем. На Рождество это можно проделать в обратном порядке.

Если бабушка с дедушкой помешаны на хороших манерах, а многие из них действительно в этом отношении очень принципиальны, то я бы посоветовал родителям заблаговременно обратить на это внимание детей. Им следует напомнить, что нужно здороваться, ни в коем случае нельзя неодобрительно отзываться о еде, не стоит прыгать с кресла на кресло или лазить на шкафы, играть разрешается только с теми вещами, на которые им укажет бабушка или дедушка. А в конце визита надо вежливо попрощаться и поблагодарить за угощение.

День Благодарения также напоминает мне о ситуациях, которые могут произойти во время любого большого собрания членов семьи или друзей и расстроить детей. Маленький ребенок может быть не знаком с большинством приглашенных и не обладать достаточной социальной зрелостью для того, чтобы общаться с незнакомцами, которые могут подшучивать над ним или задавать какие-то вопросы. Мой друг рассказал мне историю, которая была одновременно и забавной, и грустной. Она произошла в День Благодарения, когда у них дома собралось очень много родственников. Пятилетний мальчик получил право сломать дужку* индейки и загадать желание. Все тридцать пять приглашенных приветливо поинтересовались, что же он загадал.

Мальчик стеснялся и не отвечал, и гости, естественно, стали еще более настойчивыми. Наконец чуть ли не со слезами на глазах он тихо признался: «Я хотел посмотреть, как выглядит тетя Линда без одежды». Последовавший

---

* Грудная кость птицы; по-английски «wishbone» — «косточка желаний». — *Прим. перев.*

за ответом взрыв хохота только ухудшил его и без того незавидное положение. В подобной ситуации родителям следует вмешаться и тактично замять дело, если они видят, как смущен их ребенок.

В список праздников нужно включить дни рождения, так как на них обычно преподносят много подарков, и на протяжении всего дня ребенок находится в центре всеобщего внимания. Я бы предложил не приглашать слишком много гостей; в идеале их число не должно превышать возраста ребенка. Наверное, родителям покажется, что один, два, три или четыре гостя — это слишком мало, но для их сына или дочери больше и не надо.

Многочисленные подарки на праздники и в дни рождения не только способствуют перенапряжению и перевозбуждению ребенка, но и развивают в нем жадность. У меня сохранились яркие воспоминания о том, как я, мои братья и сестры, а затем дети и внуки сидели на Рождество рядом с высоченными горами подарков и не хотели отходить от них ни на шаг, даже несмотря на настойчивые просьбы взрослых сходить прогуляться. Мы спешили разорвать красивую упаковку, пару секунд рассматривали подарок, даже не интересуясь, от кого он, и переходили к следующему. Когда один их детей, обычно старший, заканчивал разбирать свою гору, он тут же начинал жаловаться, что у него не осталось подарков. Думаю, со стороны было не очень приятно наблюдать за подобным зрелищем. А ведь этот праздник считается Днем рождения Христа, который учил нас любви и самопожертвованию.

Я полагаю, что проблемы, с которыми сталкивается наша страна и весь мир, отчасти связаны с чрезмерным эгоизмом. Очень много детей сегодня растут без должного понимания того, что такое духовные ценности: доброта, щедрость и любовь. Религиозные праздники предоставляют нам отличную возможность прививать эти ценности детям. Они не должны превращаться в торжество жадности и эгоизма.

По моему мнению, родителям нужно следить за тем, чтобы ребенок не открывал одновременно несколько подарков. Если он уже умеет писать, то следует предложить ему составить список людей, от которых были получены подарки, и написать каждому из них благодарственное письмо хотя бы из одного предложения. Будет здорово, если вся семья отправится на праздничное богослужение в церковь или синагогу. Важно, чтобы дети понимали смысл того праздника, который они отмечают. Даже если родители агностики, я бы все равно посоветовал им рассказать детям историю праздника и его религиозное значение, если, конечно, это не покажется им откровенной фальшью.

Чтобы дети не забывали о том, что преподносить подарки так же интересно, как и получать их, родители могут вместе с детьми мастерить поделки для родственников и друзей: рисовать картины, делать стеклянные бусы, модели самолетов всех уровней сложности или изготавливать забавные открытки. Дети любят творить и делиться с другими плодами своего творчества. Им просто нужно об этом напоминать.

3

СОВРЕМЕННАЯ КУЛЬТУРА

Изменения в проявлении заботы о детях и пожилых людях

Доктор Спок, чья жизнь пришлась почти на все двадцатое столетие, стал свидетелем многих изменений в культуре, каждое из которых оказало влияние на воспитание детей. Он также проявлял интерес к положению пожилых людей и к тому, какое воздействие на качество их жизни оказывают перемены в культуре, политике и экономике.

К девяноста годам я повидал множество изменений — и в уходе за детьми, и в уходе за стариками. Я презираю эвфемизмы типа «золотой возраст», «на заслуженном отдыхе», «старшее поколение».

Во времена моего раннего детства мы не получали твердой пищи, пока нам не исполнится год. Нас, мальчиков, не стригли до двух или трех лет. Да еще и одевали в юбки и платьица. Матерям очень не хотелось признавать, что их ребенок больше не грудной, и они старались как можно дольше кормить своего младенца грудью, так что отцам порой приходилось настаивать на том, чтобы прекратить этот процесс. Стиральных машин и услуг по доставке пеленок не было, поэтому матерям приходилось стирать все пеленки вручную и развешивать их для просушки на веревке. И эту массу детской и взрослой хлопчатобумажной одежды (быстросохнущих тканей тогда не было) нужно было стирать вручную, сушить, а потом гладить (а электроутюгов тоже еще не изобрели) и выносить из подвала в огромных скрипучих корзинах.

Кухонную плиту топили углем или дровами, и тому, кто готовил еду, приходилось еще быть и мастером по поддержанию огня. Круп быстрого приготовления не было. Овсяную или пшеничную крупу нужно было начинать готовить с вечера и варить всю ночь на медленном огне в двойных кастрюлях. Детского питания в жестянках или стеклянных баночках не продавали, его приходилось готовить, а затем процеживать. Смешивать, стерилизовать и разливать смесь по бутылочкам нужно было самим.

Вакцин не существовало — разве что от оспы, как не было и «чудо-лекарств». Единственные способы лечения пневмонии, абсцесса уха, скарлатины и прочих инфекционных заболеваний заключались в том, чтобы молиться и «гонять жидкости в организме».

Положение же стариков отличалось главным образом тем, что у них не было льгот, предусмотренных программами «Social Security»*, «Medicare»** и «Medicaid»***. Поэтому они не получали никакой финансовой помощи от правительства, в их распоряжении были только деньги и ценные бумаги, которые им удалось скопить или получить в наследство. Но в те времена, как и сейчас, большинство людей не могли делать сколько-нибудь существенных сбережений, за исключением разве что сбе-

* «Social Security» — федеральная программа пенсионного обеспечения и иных льгот для пенсионеров в США. — *Прим. перев.*

** «Medicare» — федеральная программа медицинского страхования в США для людей старше 65 лет и инвалидов. — *Прим. перев.*

*** «Medicaid» — финансируемая федеральным правительством США и реализуемая на уровне отдельных штатов программа медицинской помощи для малоимущих. — *Прим. перев.*

режений на дом, а с этими деньгами люди расставались очень неохотно.

Так что большинство пожилых людей зависели от помощи своих взрослых детей, или же им приходилось отправляться в приют для бедных.

Теперь же благодаря программам «Social Security», «Medicare» и «Medicaid» большинство пенсионеров получают существенную помощь.

Однако людей, не охваченных этими программами, достаточно много. И сейчас стариков стало значительно больше. Многие работающие родственники пожилых людей, не имеющих страховки, к которым эти старики могли бы обратиться за помощью, в последнее десятилетие понесли финансовые потери и не могут оказывать им помощь так легко, как делали это прежде.

На собственном примере я убедился, что старики более подвержены многочисленным болезням, и им труднее с ними справляться. Например, с приходом старости мне пришлось испытать на себе, что такое бронхит, кожные заболевания, недержание мочи, мне стал нужен электрокардиостимулятор, чтобы справляться с давним недугом — аритмией сердца, а также антикоагулянт, чтобы со мной не случился еще один удар.

Я признателен за то, что получал отличную медицинскую помощь все эти годы, и за то, что у меня есть «Medicare» и «Social Security», чтобы я мог оплачивать услуги врачей. У меня есть также и то преимущество, что моя вторая жена полна энергии и преданно заботится обо мне. Она не позволяет мне пренебречь медитацией два раза в день, упражнениями на растяжку, ежедневным плаванием: летом — в бассейне YMCA* в городе Камдене, штат Мэн (океан слишком холод-

* Христианская ассоциация молодежи (сокращение от «Young Men's Christian Association»), общественная организация, действующая более чем в 100 странах. — *Прим. перев.*

ный), зимой в океане на Виргинских островах. Вот уже год мы строго соблюдаем макробиотическую диету — злаки, бобовые, овощи, никакого мяса, птицы и молочных продуктов, — которая, как считается, помогает предотвратить атеросклероз (закупорку артерий), рак, инфекционные заболевания и другие проблемы со здоровьем. Думаю, что своим долголетием я обязан также наследственности по линии матери, в семье которой большинство доживало до восьмидесяти с лишним, а то и до девяноста лет.

Есть такая фраза: «поколение сэндвича». Она характеризует такое положение, когда многие молодые пары заботятся одновременно и о своих детях, и о своих родителях.

Откровенно говоря, в наше время среди бабушек и дедушек стало больше тех, кто благодаря страховке в состоянии оплачивать свои счета, если они остаются в разумных пределах. Но этот факт не отменяет другого: многим старикам нужна эмоциональная поддержка и организационная помощь. Это особенно справедливо в случае овдовевшей бабушки, которая прежде в большинстве случаев возлагала и принятие решений, и руководство делами семьи на плечи ныне покойного мужа. Это справедливо и для склонного к мечтательности и рассеянности овдовевшего дедушки, имевшего практичную жену, которая всегда руководила им и заботилась обо всех житейских делах их семейства. Вот в таких случаях — равно как и в ситуациях, когда оба родителя одного из супругов живы, но им трудно следить за событиями и принимать решения, — «поколение сэндвича» может оказаться в трудном положении. Чаще всего именно мать детей берет на себя труд стать матерью и для родителей. Она не должна идти на эти жертвы одна, ей следует вовлекать мужа в процесс принятия решений и планирования действий, особенно если старики — это его родители.

Меня удивляет то, насколько не похожи сегодняшние бабушки на бабушек моего детства.

Каким образом они превратились в женщин, которые выглядят и поступают точно так же, как и многие представители более молодого поколения: одеваются в их стиле, самостоятельно управляют автомобилем, быстро двигаются, а иногда и интересуются политикой, финансами или спортом, вывозят своих внуков на экскурсии или играют с ними дома в подвижные игры? Это поразительно!

Можете ли вы научить детей принимать свои собственные решения?

По моему мнению, все больше детей, когда взрослеют, утрачивают способность принимать самостоятельные решения, заниматься собственными проектами и хобби, строить планы — будь то на выходные дни или на следующее лето. Они иногда говорят: «Здесь нечего делать», «Чем же мне заняться?». Иными словами, они пассивнее, чем могли бы быть. И эта черта может закрепиться у них надолго.

Возможных причин такого явления может быть несколько. Одна из них, которую я считаю особенно существенной, — это то, что дети слишком много смотрят телевизор (в среднем американский ребенок проводит перед экраном телевизора двадцать один час в неделю!), из-за чего вместо энергии и изобретательности, свойственных их возрасту, они проявляют признаки гипнотического паралича. Дело в том, что программы переполнены нереальными захватывающими событиями. Я думаю, полчаса или час в день на просмотр телепередач — более чем достаточно.

Еще один фактор, способствующий тому, что у детей подавляется желание принимать самостоятельные решения, — это то, что родители перегружают их дополнительными занятиями во внеурочное время — от балета до музыки. Чтобы помечтать, самим или с друзьями придумать оригинальные игры, у детей просто не остается времени. Еще одна причина, я полагаю (и некоторые учителя и родители будут мною недовольны), — это чересчур объемные домашние задания, оставляющие детям слишком мало времени для собственных интересов. Исключением являются, например, научные проекты или подготовка докладов по литературным источникам, то есть задания, которые дети выбирают и реализуют самостоятельно, что помогает им развить такие ценные качества, как инициатива и ответственность. Исследование, проведенное много лет назад, показало, что домашние задания в виде дополнительных примеров, похожих на те, которые выполнялись на уроках, не приводят ни к лучшему пониманию материала, ни к более высоким оценкам. И тем не менее некоторые учителя просто взваливают на плечи детей неподъемный груз заданий и поручений, полагая, что это полезно или что это, по крайней мере, создаст у них впечатление важности предмета. Родители, не согласные со слишком большими домашними заданиями, могут постараться решить этот вопрос, аргументированно заявив о своей позиции на родительских собраниях и, возможно, в беседах с директором школы.

Еще важнее домашних заданий сама философия школьной системы и отдельных учителей. Поощряют ли они инициативу, ответственность и творчество, предоставляя детям возможность постоянно пользоваться этими качествами в повседневной работе, или приучают их лишь к конформизму и пассивности, указывая детям на каждом шагу, как им поступать и что думать? В этом случае решение опять же состоит в том, чтобы активно обсуждать на родительских собраниях вопрос о целях образования вообще и этой школы в частности. Следует также выбирать в совет школы таких кандидатов, которые отстаивают достаточно высокие зарплаты для учителей, чтобы можно было привлечь лучших.

Ситуация, не способствующая развитию у детей инициативы и решительности, складывается и тогда, когда возникают чрезвычайно близкие отношения между маленьким ребенком, например мальчиком, и его матерью, которая чрезмерно зависима и чересчур требовательна к нему. Сын ожидает от нее многого отчасти потому, что она всегда оказывала ему очень много внимания. И он, когда в жизни появляется повод для расстройства, немедленно жалуется ей или обвиняет ее. Отчасти причина этого заключается в том, что мать всегда с покорностью готова взять часть вины на себя, даже если она тут ни при чем. При этом она может не проявлять ни малейшей покорности перед другими своими детьми. Она как будто чувствует за собой какую-то скрытую вину именно перед этим ребенком и готова позволить ему укорять или наказывать себя.

Я описал отношения матери с сыном, но с таким же успехом это могли бы быть мать и дочь, отец и сын или отец и дочь. Можно ли воспитывать детей так, чтобы они не вырастали жалобщиками или чрезмерно зависимыми в каком-либо другом смысле, чтобы они с готовностью брали на себя инициативу, ответственность, принимали собственные решения и реализовывали их? Я думаю, при определенных усилиях это возможно.

Первый шаг для родителей — это понять, что дети естественным образом развивают инициативу и, взрослея, требуют независимости. В шесть месяцев они уже хотят сами держать свою бутылочку. К году во время еды хотят сами держать ложку и самостоятельно подниматься по ступенькам. К возрасту двух лет они целенаправленно подражают многим действиям родителей. К пяти годам хотят знать, что такое буквы, цифры и значение слов. К середине подросткового возраста их интересует противоположный пол, неважно, в чем это проявляется — в застенчивости или в дерзости. Суть в том, что родителям нет необходимости развивать эту любознательность, она у них внутри. Когда детям позволено следовать собственным инициативам, они не только развивают у себя определенные навыки по мере необходимости; но и, что еще важнее, они учатся доверять своей способности брать на себя инициативу и в дальнейшем будут действовать так и в других вопросах, о которых речь пока не идет. Дети постепенно становятся более смелыми и независимыми, больше следуют собственной, внутренней мотивации.

Родители должны понять, что это ценные качества для успеха в жизни, независимо от того, как она сложится, и нужно удержаться от вмешательства и позволить этим качествам развиваться.

Я перечислю несколько вариантов, когда неопытные или чересчур заботливые родители могут без необходимости вмешиваться в развитие ребенка. Они могут — особенно если это их первый ребенок — беспокойно ходить за ним по пятам и немедленно снимать его, когда он пытается влезть на низкую табуреточку, кушетку или лестницу. Интересно наблюдать, насколько малыши осторожны, когда пробуют проверить, на что они способны, испытывают новые навыки и как редко они ошибаются. Конечно же, нельзя позволять малышу ползти вверх по лестнице, если на ней нет перил. Но я бы не мешал ему, если весь риск заключается в падении на пол с небольшой высоты. Я бы подавил в себе импульс подскочить с места и встать рядом и не стал бы все время твердить ему, чтобы он был осторожнее.

Если вам надо забрать у малыша опасный острый или ломкий предмет, то не заостряйте внимание на «запретительной» стороне своих действий, а быстро предложите ребенку вместо него безопасный предмет. Конечно, вам придется кое-что запрещать. Но надо, чтобы за один раз вы вводили не более одного-двух запретов. Вам нужно будет добиться того, чтобы ребенок не тянул за шнур настольной лампы и не жевал его. Возможно, вам придется унести малыша подальше от предмета или отнять его со словами: «Нельзя! Нельзя!» Но для того, чтобы не запрещать трогать сразу слишком многое, вы можете убрать большинство предметов, которые вызывают повышенный интерес у малыша, за пределы досягаемости (подготовить комнату для малыша).

Предлагайте ему играть с тем, что вам не придется запрещать трогать: с кубиками, картонными коробками, игрушками на колесиках, куклами, мягкими игрушками, пирамидками из колец. Позвольте младенцу или маленькому ребенку допускать безобидные ошибки и самому их исправлять.

Некоторые молодые родители хотя и не создают слишком много препятствий действиям ребенка, но тем не менее подавляют его инициативу, навязывая предметы, подсказывая действия, о которых ребенок еще не задумывался, берут в свои руки инициативу и усложняют игру, начатую ребенком, потому что им пришла в голову какая-то новая идея.

Когда ребенок приобрел новый навык, простой или сложный, и ему и вам полезно признать это достижение и испытать удовлетворение. Но когда родители, которым очень хочется поздравить малыша с его успехом, пять минут ахают и охают по этому поводу или ведут себя так, как будто это самый потрясающий триумф на свете, получается, будто они, возгордившись, присваивают себе достижения ребенка. А ведь именно удовлетворение, полученное ребенком, важнее всего. К тому же у некоторых детей от избытка похвал развивается потребность в них, и они постоянно требуют, чтобы родители с восторгом смотрели на свое дитя и хвалили даже тогда, когда само достижение уже в прошлом. («Папа, посмотри, как я прыгаю в воду! Папа, папа, посмотри, как я снова прыгаю!»)

К тому времени, когда дети идут в начальную школу, устремления у них различаются. Между тремя и шестью годами они больше ориентированы на семью: мальчики стремятся быть похожими на отцов своими манерами и интересами, проявляют преданность матери, часто задумываются над тем, что когда-то сами станут отцами, охотно играют в «дом», то есть в семью; внимание девочек сосредоточено на матерях, они стремятся вырасти в точности такими, как их мамы, и думают о рождении детей как о самой привлекательной стороне жизни.

Но между шестью и семью годами неосознанная конкуренция с отцами заставляет мальчиков прекратить игры в «дом», в мужа и отца. Они с облегчением и удовольствием переключаются на безличные абстракции, такие как чтение, письмо, арифметика, наука и природа. Вот почему в индустриальных странах школьное обучение начинается с шести лет — дети к нему готовы. Аналогичные изменения происходят и у девочек.

Вместо стремления быть как можно более похожими на своих отцов мальчики хотят подражать своим сверстникам — их неряшливости в одежде, в грубоватой речи и плохих манерах за столом (кладут локти на стол, громко чавкают, когда едят суп, рассеянно пинают ножки стола). Совестливым родителям кажется, что все их воспитание пошло насмарку, и они начинают читать детям нотации. Но на самом деле это шаг вперед: дети чувствуют, что они должны постепенно перерасти своих родителей как образец для подражания и постараться вписаться в большой мир за пределами семьи.

Когда дети находятся в таком возрасте, родители поступят мудро, если ограничатся в своих нотациях и запретах лишь важными моментами и будут игнорировать менее существенные, такие, например, как манера поведения за столом, мытье рук перед едой. Я бы сказал, что это возраст, когда родители должны особенно стараться, чтобы дети могли проявлять инициативу и сами принимать решения — по поводу проектов, увлечений (а это прекрасный возраст для проектов и увлечений), каким должен быть порядок в их вещах и в их комнатах (даже если он выглядит скорее как беспорядок), как проводить вечера и выходные, с кем дружить.

Смысл в том, что хотя привычки детей в этом возрасте часто раздражают родителей, они редко бывают по-настоящему вредными для ребенка или родительского имущества. Так что этот возраст дает возможность «побыть подольше шестилетним», в течение которого дети могут тренировать и укреплять свою способность к инициативе и принятию решений, пока не наступит намного более проблемный переходный период, когда расхождения во мнениях, вероятно, вызовут более серьезный конфликт между детьми и родителями. Именно тогда решимость подростков поступать по-своему может создать для них настоящие проблемы.

Но, допустим, ваш девятилетний ребенок в какой-то степени зависим от вас, и однажды утром во время каникул он жалуется, что ему нечем заняться. Я бы, с одной стороны, не пытался старательно перечислять ему возможные варианты занятий. Он мог бы придумать их сам, если бы захотел. В действительности ребенок пытается заставить вас чувствовать ответственность за то, что у него плохое настроение, а поэтому с уверенность можно сказать, что он с презрением отвергнет любое ваше предложение. С другой стороны, если вы просто продемонстрируете свое недовольство им, то он будет раздражителен еще некоторое время, и вскоре вы оба почувствуете сильное раздражение.

Я бы попробовал чем-нибудь удивить ребенка, чтобы вывести его из этого состояния, из этой бесполезной игры.

Например, подошел бы к нему, взял его за плечи и спокойно сказал: «Ты знаешь множество способов занять себя. Но на самом деле ты просто пытаешься внушить мне, что это я должен придумывать для тебя что-то новое и совершенно необычное. А я не могу. Тебе нужно придумать что-нибудь». Ребенок может продолжать жаловаться еще некоторое время, но я бы просто с улыбкой отошел от него и занялся своими делами, как если бы вовсе не чувствовал себя ничем ему обязанным.

Чувство вины работающих родителей

Когда оба родителя или мать-одиночка весь день работают вне дома, то мать часто испытывает чувство вины перед своим ребенком — почему она не с ним и видит его только по вечерам. Я думаю, что и отец-одиночка, как и отец в полной семье, мог бы испытывать то же чувство вины, если бы в нашем обществе испокон веков не существовало (по крайней мере, так было до недавнего времени) убеждение, что заботиться о детях должна в первую очередь мать. Это чувство вины может возникать независимо от того, где находится ребенок: в детском саду группового или семейного типа или же дома под присмотром няни. Родители могут чувствовать вину и в том случае, если ребенок возвращается из школы в пустой дом или просто бродит по окрестностям после окончания занятий в школе.

Самой распространенной формой чувства вины для матери является ощущение, что когда она возвращается домой, то должна покорно выполнять все капризы ребенка, чтобы восполнить урон, нанесенный ее отсутствием, и неважно, насколько она устала. Она будет часами читать ему или играть с ним в шашки, если он этого требует. Будет готовить его любимые блюда каждый вечер, даже если они ей самой смертельно надоели. Я знал нескольких матерей, которые каждый день приносили ребенку подарок, и тот всегда спрашивал: «Что ты мне сегодня принесла?»

Менее очевидные симптомы чувства вины проявляются в том, что мать или отец закрывают глаза на постоянную неприветливость, грубость, нытье или несговорчивость ребенка, чего родители, которые не испытывают чувства вины перед своим ребенком, не стали бы терпеть долго.

Мы часто слышим в наши дни о «хорошо проведенном времени». Это выражение означает обогащение, укрепление отношений между родителем и ребенком при совместном времяпрепровождении, а не просто пребывание в одном доме или одной комнате без доверительного общения между собой.

Мой совет родителям — постараться не чувствовать себя обязанными во всем угождать ребенку только потому, что вы можете проводить вместе лишь ограниченное время, внешне противоречит совету, который я даю сейчас: как сделать совместно проведенное время доверительным, личным, приносящим глубокое удовлетворение ребенку. Я постараюсь разъяснить, в чем, по моему мнению, разница.

Для родителей, безусловно, важно осознавать, что их дети ценят время, проведенное с ними, и получают от этого огромное удовольствие, особенно когда ощущают, что каждого из них воспринимают как индивидуальность, уникальную личность. И наоборот, мы слышим горькие сетования от тех, кто считает, что родители уделяли им слишком мало внимания в детстве, потому что были полностью поглощены карьерой или общественными делами.

Главное для ребенка в том, уделяют ли ему родители внимание по собственной воле или ребенку приходится «выколачивать» из них немного внимания при помощи требований и жалоб.

Безусловно, родители не очень охотно уделяют внимание ребенку, когда он требует его к своей особе, заставляя их чувствовать себя виноватыми перед ним, и они не способны полностью избавиться от недовольства. Нежелание родителей уделить внимание ребенку может заставить некоторых из них требовать его еще более настойчиво или, по крайней мере, больше выражать недовольство по поводу того, что ему его не хватает. Таким образом возникает порочный круг во взаимоотношениях родителей и детей.

Но внимание, которое родитель уделяет спонтанно просто потому, что он искренне любит своего ребенка и заботится о нем, очень приятно ребенку, и даже небольшое его проявление приносит пользу — будь то приглашение пообедать вместе в ресторане, пройтись по магазинам и сделать покупки, побывать в музее, на спортивном мероприятии или сходить в кино.

Один из способов для матери или отца избежать недовольства из-за постоянных просьб ребенка уделить ему внимание — это с улыбкой и искренне поговорить с ним о том, какие увлечения, игры или книги родителю нравятся, а какие кажутся скучными. (Мне, например, очень нравились книги о Бабаре* и я с удовольствием читал их детям снова и снова. Но меня не просто утомляла, а раздражала нарочитая нелогичность в некоторых книгах, от которых были в восторге мои сыновья.)

Хотя я всей душой за то, чтобы родители и дети с удовольствием проводили больше времени вместе, но хочу высказать мнение, которое некоторым может показаться противоречивым. Я не думаю, что количество времени, проведенного вместе с детьми, или близость в их общении — единственный или даже самый важный

* Бабар — слон, герой серии иллюстрированных детских сказок французского писателя Жана де Брунхоффа и его сына Лорана де Брунхоффа, публиковавшихся начиная с 1931 года. — *Прим. перев.*

критерий качества отношений. Идея о том, чтобы родители выделяли время на игру с детьми, развлекали их — относительно новая и преимущественно американская. В развивающихся странах с традиционным укладом жизни дети внимательно наблюдают за своими родителями, отождествляют себя с ними, копируют каждое их движение во время игр примерно с двух до восьми лет. Затем они постепенно начинают выступать в роли подмастерьев или учеников в реальных житейских делах: например, мальчики отправляются на промысел с отцами-рыбаками, девочка заботится о младенце вместо матери. В этих традиционных обществах родители не играют с детьми. Они вначале играют в родителей. А потом, когда подрастают, постепенно берут на себя роль настоящих помощников родителей.

Эта картина не очень отличается от того, что наблюдалось в Америке в начале двадцатого века. Мой отец не придумывал для меня каких-то специальных игр. Но он был доброжелателен ко мне и терпеливо объяснял, что и для чего он делает, когда я смотрел, например, как он ремонтирует полочку, сколачивает ящик, меняет предохранитель или разводит огонь в камине. Я не помню и того, чтобы мама играла с нами. Но она поручала нам дела по хозяйству и потом только напоминала, чтобы мы все сделали своевременно.

Ни ребенку ни родителю не принесет пользы, если ребенок станет попрошайкой или жалобщиком в результате вымогательства привилегий или подарков у родителей сверх всяких разумных пределов. Человек, у которого появились такие привычки, неприятен и вызывает раздражение у всякого, кто имеет с ним дело. Это приведет к тому, что он будет ограничен в своих отношениях и начинаниях, если только не научится, набив себе предварительно множество шишек, вести себя достойно.

Неприятно быть родителем ребенка, который постоянно чего-то требует и на что-то жалуется. Каждый день такой ребенок будет создавать множество проблем и обращаться за их решением к родителю. Когда же тот, проявив неуверенность или попытавшись спорить, покажет, что испытывает чувство вины, ребенок немедленно поймет, что у него есть шанс на успех, и с удвоенной силой начинает спорить и выпрашивать. Так может продолжаться бесконечно. Это выматывает родителей, вызывает у них раздражительность.

Как же родители, работая вне дома и оставляя ребенка на попечение кого-то другого, могут разумным образом избежать чувства вины и неуверенности?

Во-первых, надо упомянуть о пользе консультирования. Родитель может начать с того, что поговорит с педиатром своего ребенка или с семейным врачом. Если нужна дополнительная помощь, то обращение в какое-либо семейное социальное агентство, к педиатру, занимающемуся проблемами поведения, психологу или психиатру поможет родителю лучше осознать, насколько чувство вины мешает ему воспитывать сына или дочь. Он также сумеет разобраться с причинами, вызывающими это чувство, и разрешить конфликты.

Когда родитель осознает, насколько чувство вины мешает его отношениям с ребенком, заставляет подчиняться его требованиям или жалобам, терпеть невежливое поведение или нежелание сотрудничать, то он должен попробовать установить разумные ограничения. Это не значит, что ему нужно стать неприветливым или суровым. В действительности такое поведение было бы сигналом для ребенка, что мать или отец не уверены в том, правильно ли они поступают. Я имею в виду, что им следует стараться давать незамедлительные, доброжелательные, дружеские, конкретные ответы на его запросы, даже если в 90 процентах случаев эти ответы будут отрицательными; и что им нужно добиваться его сотрудничества позитивно и вежливо, а не раздраженно, как если бы они просили об этом друга. При этом они не должны сомневаться в том, что ребенок отнесется внимательно к тому, что говорят родители.

Конечно, ребенок, который прежде только требовал и капризничал, в одночасье не исправится, как не смогут этого сделать и мать или отец, прежде покорно исполнявшие капризы или ворчавшие на свое чадо. Родителю полезно начать переход к новой системе поведения с дружеского разговора с ребенком о том, как у них обоих выработались плохие привычки в отношениях, в какую сторону родителю хотелось бы изменить свое и его поведение и как это сделает их совместную жизнь более приятной.

Когда ребенок все же огорчает родителя, то вместо жалоб или нотаций родитель должен напомнить ему, что они вместе пытаются относиться друг к другу как взрослые, а затем дать ему быстрый и вежливый ответ на его просьбу или дружелюбным, но твердым тоном попросить сделать что-либо. Если мать во время этого разговора обнимет ребенка или подержит его за руку, это поможет им осознать новый характер взаимоотношений, к которому они стремятся.

Таких перемен добиться нелегко, но они возможны, и польза от них безмерна.

Как дети относятся к распорядку дня

Я написал статью для родителей о том, что у некоторых детей школьного возраста распорядок дня, по моему мнению, перегружен: родители взвалили на них такое количество внеклассных занятий, что у детей порой остается мало времени и лично для себя, и на общение с друзьями. Поэтому я решил, что будет разумно попросить детей высказать свое мнение по этому вопросу.

Мы выбрали частную (не приходскую) школу в Нью-Йорке, ученики которой главным образом были выходцами из семей квалифицированных специалистов. Затем учителя выбрали десять школьников из третьего и четвертого классов, в отношении которых можно было рассчитывать, что они охотно пойдут на контакт. У этих детей было от двух до пяти видов внеклассных занятий в неделю непосредственно в школе либо в другом месте.

Их отцы и матери в большинстве своем много работали, приходя домой не раньше шести, семи и даже восьми часов вечера. Все дети из этих семей совершенно искренне признали, что хотели бы проводить с родителями больше времени. Однако они не держали на них зла за то, что все сложилось именно так. Дети смирились с этим как с неизбежной стороной своего детства.

Один из аспектов жизни городских детей, чьи мамы и папы работают весь день, заключается в том, что родителям приходится нанимать няню; она находится с ними в квартире по крайней мере с момента их возвращения из школы и до прихода родителей. Никаких серьезных претензий к своим няням дети не высказывали, кроме того, что большинство из них не могли помочь с выполнением домашнего задания, потому что у них либо не хватало образования, либо потому, что они учились по другим методикам.

В этой школе было несколько моментов, которые вызвали у меня восхищение. Один из них — в каждом классе было не больше двадцати учеников. Если в классе много учеников, то учитель, как бы он ни был хорош, не в силах уделять достаточно внимания отдельным школьникам, которые на могут разобраться в материале. Но маленькие классы означают большие затраты, за обучение или на налоги.

Другим достоинством этой школы было мировоззрение ее педагогов и руководства: работу нужно сделать интересной и стимулирующей, а не просто предъявлять высокие требования. Некоторые считают, что если учеба в школе для учеников приятна и увлекательна, то они усваивают недостаточно материала. Это не так. Я не утверждаю, что каждое занятие, доставившее удовольствие школьнику, обязательно приносит ему пользу. Но дети любознательны, и им интересно учиться, если педагог в своей работе учитывает их возможности и преподносит знания в стимулирующей, интересной манере, и если преподает человек, который любит детей и которому очень нравится их учить. Мои сыновья ходили в такую школу, так что я знаю, о чем говорю.

Третьим заслуживающим восхищения моментом в этой школе было то, что в ней существовали самые различные группы для внеклассных занятий: кружки иностранных языков, кружок филателистов, компьютерный кружок, кружок плотничного дела и т. д., где дети с удовольствием проявляют инициативу и где не ставят оценок. Некоторые дети из нашей группы подчеркивали, что занимаются в одном или в нескольких кружках по собственному выбору. Но они говорили также и о том, что из-за нехватки времени они перестали посещать тот или иной кружок. Они осознавали, что выбор был за ними.

Отдельные школьные администраторы и некоторые матери-домохозяйки возражают против идеи внеклассных занятий в школе, полагая, что родители требуют от школы слишком многого и что расходы придется возмещать за счет более высокой платы за обучение или за счет налогов. Не хотелось бы затевать теоретический спор о том, где граница между ответственностью школы и семьи. Трудность в другом: в большинстве семей оба родителя теперь работают вне дома, и кто-то должен принять на себя ответственность за детей. Кто как не школа располагает возможностями, чтобы предоставить место, оборудование и подготовленных руководителей? Разумно поступает та школьная администрация, которая предлагает такие занятия, и мудро поступают родители, применяющие политическое давление, чтобы этого добиться.

Дети и взрослые, участвовавшие в интервью, видели обе стороны вопросов, которые мы предложили им обсудить. В начале беседы они, вздыхая, соглашались, что испытывают слишком большой стресс и чувствуют усталость из-за посещения многочисленных кружков и длительных занятий в дополнение к урокам и домашним заданиям. Но когда им задавали тот же вопрос во второй раз, они уже не были столь уверены в правильности первого ответа, потому, в сущности, им нравились кружки, которые они посещали. Они участвовали в их выборе и не были готовы расстаться с большинством из них, хотя по-прежнему признавали, что иногда чувствуют скуку или испытывают стресс от перегрузок.

Некоторые дети жаловались на уроки музыки и особенно на необходимость посещать репетиции. Они, возможно, вначале и хотели бы заниматься в таком кружке, но когда увидели, насколько медленно продвигается дело, им стало скучно, особенно на репетициях, и поэтому они решили бросить занятия. Родители напоминали им, что за эти уроки все равно придется платить. Поэтому впоследствии родителям приходилось высказывать недовольство по поводу репетиций. Я с осторожностью отношусь к индивидуальным урокам музыки и индивидуальным репетициям, потому что я слишком часто слышал подобную историю от пациентов и от своих родственников. Дети, услышав, как аплодируют музыканту, уверены, что они легко могли бы научиться тому же и получили бы возможность очаровывать аудиторию, несмотря на попытки родителей привить им более прагматичный взгляд на вещи. Я слышал, что при групповых занятиях энтузиазм детей сохраняется дольше, и, думаю, школам следует организовывать такие занятия. Когда дети станут подростками и хоть немного научатся самодисциплине, они, возможно, смогут сами решать, нужны ли им индивидуальные уроки. Конечно, есть и такие дети, которые сохраняют свой энтузиазм к индивидуальным занятиям с раннего возраста и готовы посвящать большую часть времени репетициям.

Все эти дети должны были выполнять и домашнее задание, что также способствовало появлению у них стрессового состояния и усталости. Я с предубеждением отношусь к обычным домашним заданиям, которые сводятся к тому, что ученик должен решить еще несколько примеров, похожих на те, что выполнялись в классе или учебной аудитории; или от него требуется ответить еще на несколько вопросов из хрестоматии или учебника по общественным наукам. Много лет назад экспериментально было доказано, что такого рода домашние задания, повторяющие классную работу, нисколько не способствуют ни лучшему пониманию учебного материала, ни хорошему усвоению предмета к концу года. И тем не менее многие родители и учителя верят в то, что это приносит определенную пользу детям, и они были бы недовольны, если бы такие задания отменили. Я против подобного подхода, поскольку детей просто заставляют дополнительно работать в течение часа или двух — и без всякой пользы. Представьте себе, что нам, работающим взрослым, приходилось бы брать каждый вечер домой однообразную работу на пару часов только потому, что, по мнению начальника, это пойдет нам на пользу! Но я совершенно иного мнения о работе дома, например, над каким-нибудь проектом, связанным со школьным предметом, над научным исследованием, когда ученик выбирает и планирует сам, как собрать данные, чтобы доказать какое-либо положение. Такие проекты развивают инициативу, независимое мышление, ответственность и творческие способности. Я также считаю ценным, когда ученик самостоятельно работает с литературой в библиотеке, чтобы подготовить доклад, с которым ему предстоит выступить перед классом. Выполняя такую работу, дети в дополнение к ответственности и инициативе учатся тому, как пользоваться библиотекой и как искать материал для статьи.

Меня позабавило, что многие дети, которые были единственными в семье, хотели бы иметь брата или сестру, чтобы те в отсутствие родителей составляли им компанию вечером и рано утром. И в то же время несколько детей, у которых были братья или сестры, могли с грустью поделиться с другими своими мыслями о том, что младшие дети, скорее всего, будут отвлекать на себя внимание родителей и гостей, брать без спроса ваши вещи и мешать вашим занятиям. Возможно, желание иметь брата или сестру для компании свойственно тем, кто живет в многоквартирных домах, сродни удовольствию от дружбы с соседскими детьми, которое получают мальчики и девочки, живущие в частных домах маленьких городков или пригородов. В любом случае, никто из опрошенной группы детей не жаловался, что у него не хватает времени на дружеские отношения, хотя я и думал, что возможностей для этого у детей недостаточно.

Все они надеялись подольше поспать в субботу, но жаловались, что вставали так же рано, как и в учебные дни. Все они в субботу утром смотрели мультфильмы. По моему мнению, хотя большинство мультфильмов, которые любят ребята этого возраста, содержит сцены насилия, детям очень нравится сама возможность несколько часов в неделю не заниматься ничем активно, а просто расслабиться и пассивно смотреть на телеэкран.

Мои окончательные выводы после беседы с этими детьми сводятся к тому, что добросовестные родители, которые хотят, чтобы их дети были всесторонне развиты, часто подвергнуты соблазну ужесточить распорядок дня своих чад. Поэтому их дети действительно испытывают стресс и чувствуют усталость. И, как мне показалось, по сравнению с детьми времен моего детства им не хватает времени на чтение (они говорят, что читают, но в основном перед сном), на дружеское общение, на домашние увлечения и просто на то, чтобы побездельничать.

И тем не менее им нравилось большинство их занятий, особенно те, которые они выбрали для себя сами. Мальчик, выглядевший самым счастливым из всех, дважды в неделю ездил на метро в Бруклин на тренировки своей бейсбольной команды.

Если бы сегодня я был отцом детей школьного возраста, то непременно воздерживался бы от того, чтобы предлагать им заняться тем, что казалось нужным и интересным мне, а предоставил право выбора им самим заниматься тем, чем они хотят. Затем, если их распорядок дня оказался слишком перегружен, я разрешил бы им отказаться от некоторых из занятий и не осуждал за это, надеясь, что они извлекут урок из своей ошибки.

Обращение к родителям по имени

Некоторых людей беспокоит мысль о том, что дети будут называть родителей и других взрослых по имени. Они расценивают это как пример чрезмерной вседозволенности, что сравнимо с тем, чтобы разрешать детям вести себя грубо, бесцеремонно или откровенно дерзко. Для других же обращение к родителям и взрослым по имени — это лишь проявление дружелюбия. Некоторые родители могут объяснять это нежеланием, чтобы их дети трепетали перед ними или досадовали на них. По их словам, они хорошо помнят, что им самим довелось испытать это по отношению к своим родителям. Другие высказываются в позитивном духе: они хотят, чтобы их дети в первую очередь думали о них как о своих друзьях, а не о людях, имеющих над ними власть только благодаря своему возрасту.

Здесь я должен кратко объяснить, что я никогда не выступал за вседозволенность, хотя некоторые люди, не читавшие книгу «Ребенок и уход за ним», обвиняли меня в этом. Я всегда говорил и писал, что родители поступят мудро, если обеспечат своим детям твердое и четкое руководство, требуя от них вежливости и сотрудничества. Но я также говорил, что твердое руководство вовсе не обязательно должно быть неприятным и желательно, чтобы оно таким никогда не было.

Я не думаю, что разрешение обращаться к старшим по имени — непременно признак вседозволенности; но, с другой стороны, иногда так и есть. Означает ли это спонтанное желание родителей быть на дружеской ноге с детьми или имеет другой, более глубокий смысл? Тут все зависит от настроения или отношения, с которым родители подходят к этому вопросу.

Когда я говорю о настроении, то имею в виду следующее: действуют ли родители просто из любви или же из страха, осознанного или неосознанного, что если они будут вести себя как строгие, старомодные родители, их дети могут испытывать к ним тот же антагонизм, который они сами иногда испытывали к своим отцам и матерям. Этот страх отчуждения достаточно распространен в настоящее время. Еще одна проблема заключается в том, что слишком мало молодых пар сегодня живут недалеко от родителей, которые могли бы им рассказать о семейных традициях воспитания детей.

С достаточной уверенностью могу сказать, что само по себе обращение по имени не уменьшает уважения детей к родителям и не делает их менее вежливыми или менее склонными к послушанию. Я знаю множество семей, являющихся тому примером. Я также вспоминаю, как в детстве бывал летом в рыбацких поселках штата Мэн, где обращение детей к взрослым по имени было обычным явлением, и был удивлен и слегка потрясен, что это сходит им с рук. Постепенно я понял, что это вовсе не означает неуважения, и все взрослые считают это приемлемым. Мои родители были старомодными и строгими в подобных вопросах, мы всегда обращались к ним только на «вы».

Мой старший сын приобрел привычку называть меня по имени примерно в четыре года. Мы исключительно хорошо пообщались на выходных и очень приятно их провели, и он без подсказок с моей стороны начал называть меня Бен, как называла меня жена. Я воспринял это как совершенно спонтанный, почти неосознанный способ сказать: «Я согрет твоим необычайным дружелюбием сегодня». Мой второй сын, появившийся на свет спустя одиннадцать лет, естественным образом повторил поведение первого. Оба сына, став взрослыми, однажды сказали в интервью, что считали меня строгим отцом, поэтому мое согласие на обращение «Бен» не внушало им чувства, будто я либеральничаю с ними, боясь проявить твердость.

Возможны два совершенно разных подхода, когда родители позволяют или поощряют обращение к ним по имени. Первый — это простое, свободное стремление выразить дружелюбие, любовь, характерное для родителей, не испытывающих чувства вины. Но это не означает, будто они не признают руководящей роли родителей. На самом деле каждый, кто наблюдал за жизнью семей и помнит, как он сам был ребенком, чувствует, что, поскольку дети неопытны и импульсивны, они нуждаются в родителях, которые бы направляли их разумно и твердо. Точно так же обстоит дело и со взрослыми людьми, работающими в магазине или офисе. Они нуждаются в руководителе, который четко заявляет о своих требованиях к ним и одновременно проявляет дружелюбие.

Другой подход связан с беспокойством, изначальным чувством вины у некоторых родителей, выросших неуверенными в себе, потому что их критиковали и распекали; не обязательно очень сурово, но больше, чем необходимо. Из-за этого в их душе поселился страх, что когда они сами станут родителями, то могут вызвать подобный антагонизм у своих детей. Этот страх совершить ошибку заставляет некоторых из них допускать отклонение в противоположную сторону — только бы не ругать своих детей. Некоторые вообще не хотят брать на себя роль родителя, поэтому пытаются быть только друзьями.

Но хотя дети высоко ценят родительское дружелюбие, они чувствуют и то, что нуждаются в четком руководстве со стороны родителей. Им неуютно без него. Некоторые из них, как мы узнали в ходе консультирования детей, ведут себя плохо, бессознательно стремясь таким образом заставить своих родителей проявить бо́льшую твердость. Иными словами, друзей у детей много, а вот отец и мать, которые могли бы наставить их на путь истинный, — одни. Другом быть хорошо — до тех пор, пока вы в первую очередь родитель.

Когда неуверенные в себе родители, похожие на тех, о которых говорилось выше, просят своих детей называть их по имени, то в некоторых случаях они могут это делать, чтобы не выглядеть родителями. Дети чувствуют их нежелание быть родителями, и им становится неуютно.

Родители, которые боятся, что их дети утратят к ним уважение и станут невоспитанными, если позволить им называть себя по имени, по моему мнению, путают причину и следствие. Уважение детей к родителям не зависит от того, как они их называют, если только эти слова не нарочито оскорбительные. Здесь все зависит от любви, справедливости и надежности родителей.

Хотя я описывал чувство вины родителей и их желание быть для детей только друзьями — в противоположность уверенности в себе и твердому руководству — применительно лишь к обращению по имени, но на самом деле вышесказанное относится ко всем сторонам отношений между родителями и детьми. Но этот пример, как мне кажется, позволяет в понятной форме продемонстрировать причины, лежащие в основе многих трудностей, и показать, что проблема не ограничивается именами.

Сомневаюсь, достаточно ли сказать родителям, опасающимся, что обращение детей к ним по имени приведет к неуважению, чтобы они просто поверили мне на слово, и они перестанут беспокоиться. От глубоко укоренившихся представлений обычно не так-то легко избавиться, слова тут помогают далеко не всегда. Родители должны принимать совет лишь тогда, когда он кажется им правильным. Иначе высока вероятность, что он все равно не сработает, как надо.

Родители, которые боятся показаться своим детям излишне строгими, долго и трудно преодолевают недостаток уверенности в себе, идущий от их раннего детства. На самом деле многие из них даже не осознают, что колеблются или пытаются оправдываться, воспитывая своих детей. Но если они осознают проблему и отдают себе отчет, какие неудобства она им приносит, если они понимают, что нерешительность только поощряет капризы детей, то у них появляется стимул работать над этим, даже если результаты появляются не сразу. Советы и просто человеческое участие со стороны консультанта помогают в большинстве таких случаев.

Кумиры подростков, стиль панков и ранние этапы полового созреванияя

Почему подростки, да и дети помладше, увлекаются такими странными вещами, как стиль панков в одежде и внешнем виде? Почему их трогают до слез выступления рок-звезд? Почему они курят, употребляют алкоголь и наркотики, занимаются сексом, не испытывая любви, подвергая свою жизнь опасности?

Чтобы найти ответы на эти вопросы, нам придется принять во внимание мотивы подростков, давление сверстников, их неосознанный поиск «взрослого образа», а также двойственный характер их полового созревания в последние годы детства и в начале юности.

Если рассуждать на самом простом и очевидном уровне, подростки, как и дети любого возраста, мечтают скорее повзрослеть. Но маленькие дети просто хотят делать то, что, как они видят, делают старшие дети и взрослые, например научиться читать или ездить на велосипеде. В подростковом возрасте они тоже хотят делать нечто «более взрослое», но теперь главным оказывается стремление выглядеть опытными, казаться старше и мудрее в житейском плане, чем они есть на самом деле. Но от взрослых их заметно отличает элемент неловкости, которая особенно сильно проявляется в подростковом возрасте. Я вспоминаю свое удивление, когда мне довелось в полдень пройти мимо огромной школы для девочек в Нью-Йорке. Как раз началась перемена, и на тротуар хлынул поток двенадцати–четырнадцатилетних девочек. Казалось, каждая из них лихорадочно запускает руку в свой карман или сумочку в поисках пачки сигарет и зажигалки. Вот она, точка отсчета для многочисленных онкологических и сердечно-сосудистых заболеваний в будущем. И дело тут не в привычке (курить же они, судя по всему, начали совсем недавно), не в удовольствии (потому что многие из них натужно кашляли), а просто в том, что курение, по их мнению, позволяет им казаться более взрослыми и создает имидж «плохих девочек». Разве может сравниться с этим какое-то жалкое: «Минздрав предупреждает»?

Потребность выглядеть умудренными жизненным опытом усугубляется сильным давлением со стороны сверстников, которое имеет две стороны. Некоторые ваши сверстники хотят, чтобы вы занимались вместе с ними чем-то запрещенным, недозволенным, будь то курение, употребление алкоголя, наркотиков или же секс. Они более комфортно себя чувствуют, если им удастся вовлечь кого-то в свои дела, неодобряемые взрослыми. Или же, если уговорить вас не удастся, они все равно будут чувствовать себя смелыми и гордыми: у них, мол, хватило отваги делать то, что другие не осмеливаются.

Другая и, по моему мнению, более сильная сторона влияния сверстников заключается в чувствительности подростков к давлению, в почти отчаянной необходимости соответствовать стандартам друзей. Они очень страдают, если чувствуют себя чужаками, слабаками или изгоями. Мнительность болезненна. Вспоминаю свою учебу в школе-интернате, в которой мне очень нравилось. Однажды мои родители приехали ко мне за сотни километров, чтобы провести со мной День Благодарения.

Но мое беспокойство по поводу того, что друзья увидят сваленные в беспорядке вещи на заднем сиденье родительской машины или заметят, что у моей матери несколько прядей волос сзади выбились из пучка и вьются поверх воротника ее куртки, было сильнее, чем удовольствие от того, что мать и отец устроили для меня и моих друзей замечательный ужин в гостинице. Годы спустя мой сын позволил нам прийти и посмотреть, как он плавает на соревнованиях старшеклассников его школы. Но это разрешение мы получили лишь после того, как сын взял с нас обещание, что мы будем вести себя тихо. Мы не должны были аплодировать ему и приветствовать его, и вообще нам нужно было делать вид, что мы для него чужие люди.

В подростковые и юношеские годы (я называю юностью период примерно с семнадцати до двадцати одного года) неосознанный процесс поиска своего взрослого образа играет все более важную роль. Подростки, юноши и девушки должны наконец перестать подражать родителям и найти свое взрослое «я», причем не только в том смысле, что им надо определиться с выбором профессии. Им необходимо решить, какими людьми они станут, каковы будут их устремления и идеалы, а также на какой основе им предстоит строить свои отношения с другими.

Есть несколько факторов, определяющих окончательный результат. Первый — это врожденный темперамент подростка. Второй — какие конкретно взаимоотношения сложились у него с родителями. Третий — насколько сильно он бунтует против родителей во время переходного возраста. И, наконец, то, какие черты характера родителей подросток сделает частью своей личности, когда его бунтарство пройдет и он утвердится в роли взрослого — как работник, супруг, родитель, сосед и как друг.

Некоторые люди недолго задерживаются на стадии бунтарства и быстро взрослеют, приобретая характер и взгляды, довольно похожие на характер и взгляды родителей. Противоположную крайность составляют те, кто мечется, иногда годами, доставляя себе и родителям множество неприятностей своими придирками и нежеланием сотрудничать. Им очень трудно найти себя. Они знают определенно лишь то, что им не хочется быть похожими на родителей. Но они увязли в борьбе за освобождение. Лишь когда они сумеют наконец перестать противоречить родителям, учителям, работодателям, они, возможно, станут полезными членами общества.

Теперь мы можем обсудить вопрос о кумирах подростков и о том, почему у некоторых молодых людей восхищение ими порой выглядит несколько безумно. Многие, кто наблюдал за подростками в современном обществе, согласятся с тем, что мы, взрослые, вызываем у них затяжное чувство отчужденности и собственной незрелости, заставляя их ходить в школу до семнадцати, восемнадцати или даже девятнадцати лет. В образованных семьях от детей требуют, чтобы они проучились еще четыре года или больше и обязательно получили высшее образование. Напротив, во многих доиндустриальных обществах подростков признают полноправными взрослыми и доверяют им в этом возрасте ответственную работу. В колониальные времена и в нашем обществе некоторые молодые люди, когда им исполнялся двадцать один год, становились капитанами кораблей. Такие временные рамки заставляют их чувствовать себя уже в раннем возрасте вполне взрослыми, ответственными и уважаемыми людьми.

В нашем же нынешнем обществе многие юноши и девушки бессознательно ощущают себя детьми, не имеющими полноправного членства во взрослом социуме. Я полагаю, что эта ребячливость проявляет себя в шуточных бунтах, которые иногда случаются в кампусах* колледжей. В больнице, где я проходил интернатуру, персонал устраивал весной вечеринку, во время которой по всей длине коридора размазывали по полу майонез, чтобы потом по нему легко было скользить.

Я подвожу читателя к следующей мысли: наши подростки и юноши чувствуют себя исключенными из взрослого общества, поэтому в отместку они создают собственную молодежную культуру с ее подчеркнутыми отличиями от взрослого мира. Они придумывают собственный сленг, стиль в одежде и прическе, танцы, активно поддерживают музыкальные группы, певцов и мелодии, апеллирующие непосредственно к ним. И если их выбор в любой из этих областей озадачивает или раздражает их родителей — тем лучше. Я вспоминаю, как раздражало меня, подростка, когда мать с пренебрежением отзывалась о моей любимой джазовой мелодии: «Что хорошего ты находишь в этом шуме... Я не понимаю!» Именно воспоминание о словах матери удержало меня от того, чтобы высказаться точно так же о рок-музыке, которой восхищалась моя падчерица.

Есть и еще одна составляющая в том истерическом восхищении, с которыми десяти–пятнадцатилетние дети, особенно девочки, относятся к певцам и другим исполнителям, которые обладают, по их мнению, сильной сексуальной привлекательностью. Эта привлекательность может проявляться в развязной и агрессивной манере поведения, ужимках и прыжках, в откровенных или содержащих какой-то намек текстах песен. Для прошлого поколения ярким примером был Элвис Пресли, который доводил свои молодежные аудитории до стонов, слез и истерик.

---

* Обособленная территория университета или колледжа, на которой расположены учебные корпуса, общежития, объекты инфраструктуры и т. п. — *Прим. перев.*

Его привлекательность была настолько сильной, что в одном из крупных городов бдительные отцы девочек-подростков попытались добиться от начальника полиции, чтобы тот запретил выступления Элвиса Пресли. Я думаю, важнейший компонент такого обожания — это весьма двусмысленная стадия полового созревания девочек, которую они проходят в этом возрасте. Она начинается с первых признаков половой зрелости в десять–одиннадцать лет и продолжается до четырнадцати, пятнадцати или шестнадцати. Под словами «двусмысленная стадия полового созревания» я подразумеваю, что эти дети и понимают, и одновременно не понимают сущность изменения, происходящего в их чувствах и представлениях о своей сексуальности. Причина в том, что на предыдущей стадии, которая началась в шесть–семь лет, их сексуальные чувства были в значительной степени подавлены, и они не осмеливались о них думать. Но с девяти–двенадцати лет их половые железы начинают функционировать более активно и посылать сексуальные импульсы сознанию. Так что девочки частично уже реагируют на них, а частично все еще продолжают сопротивляться.

Когда исполнитель, например, песен отправляет в зал сексуальные посылы, наполовину скрытые или замаскированные, подсознание девочки-подростка, которое мудрее ее личного сознания, улавливает эту волнующую сексуальную трансляцию. Но ее сознание более добродетельное и все еще чувствующее запрет, не позволяющий ей полностью понять откровенные сексуальные посылы. Однако сознание не возражает, когда девочка бурно восторгается выступлением и общей привлекательностью артиста.

Естественная способность детей в раннем подростковом возрасте испытывать возбуждение, не осознавая его сексуальной природы, в некоторых отношениях аналогична способности девочек и мальчиков испытывать страсть к взрослым людям, например к учителям, звездам эстрады, выдающимся спортсменам или друзьям-сверстникам одного с ними пола. Это влечение, поскольку оно не направлено на противоположный пол, может не расцениваться как сексуальное, по крайней мере, какое-то время и не кажется запретным.

Затем может появиться романтическое увлечение взрослым человеком противоположного пола, как правило, тем, кто находится на безопасном расстоянии, например звездой кино или телевидения, певцом, о котором можно мечтать в глубине души, не рискуя опозориться по неопытности. Такая привязанность носит менее беспорядочный и более интимный характер, чем истерическая реакция на концертное выступление.

И наконец, приходит влюбленность: юноша или девушка влюбляются в сверстника противоположного пола, живущего в том же городе. Но, как вы помните по собственному опыту, большинство этих ранних увлечений довольно нереалистичны. Ребенок жаждет влюбиться и приписывает человеку с симпатичной внешностью те качества, которые хочет видеть в своем любимом или любимой. Но часто требуется немного времени на то, чтобы понять, что этот человек вовсе не такой, о котором мечтал подросток. Так что юноши и девушки в течение нескольких лет испытывают одну влюбленность за другой, и постепенно объекты их чувств все больше начинают соответствовать их идеалам.

В последние годы из-за резкого изменения сексуальных нравов, смягчения ограничений и запретов процесс полового развития большинства молодых людей заметно ускорился. Но это время по-прежнему может оказаться беспокойным — и для детей, и для их родителей. Многие родители говорили мне, что, приобретя знания о половом созревании подростков, они способны принимать своих детей такими, какие они есть, и помогать им пережить трудные моменты в период их взросления.

Насколько откровенно можно говорить о сексе?

В викторианскую эпоху, которая фактически продолжалась до Первой мировой войны, тема секса старательно обходилась в разговорах взрослых между собой и родителей с детьми. О беременной женщине говорили, что она «в семейном положении», чтобы избежать слова, которое более непосредственно указывает на половую связь. Грудь называлась бюстом, как если бы это была просто часть тела, а не два органа, вырабатывающие молоко для вскармливания младенцев. Гениталии в разговоре с детьми называли не присущими им названиями, а словечками типа «пи-пи». Моя мать, дожив до среднего возраста, как-то призналась мне, что когда она вступила в брак, у нее не было абсолютно никакой информации о сексе — ни от матери, ни от подруг — и она испытала настоящее потрясение. То же самое говорили некоторым моим друзьям их матери. С нашей точки зрения мы можем допустить, что у них было мало достоверных сведений о сексе из-за того, что их самих воспитывали в атмосфере сплошных ограничений. Но, наблюдая за поведением, например, собак, заглядывая в запретные книги и украдкой подслушивая разговоры взрослых, они, вероятно, узнавали больше, чем осмеливались признаться даже себе.

В викторианскую эпоху большинству детей не давали никаких вразумительных разъяснений на тему секса. С некоторыми детьми эта сторона жизни даже не обсуждалась, ответом на их вопросы было лишь молчание, которое они истолковывали как суровое неодобрение. Это способствовало появлению у детей страха и чувства вины, потому что они, по крайней мере, смутно осознавали собственную детскую сексуальность. Многих подростков предостерегали, что сексуальные действия и фантазии аморальны, а мастурбация, которая, как тогда верили, наносит вред половым органам, вызывает сумасшествие и появление аномалии в развитии у потомства.

Хотя в те времена было, вероятно, больше сексуальных отклонений, чем сейчас, — что происходило из-за страхов и чувства вины, — но значительное большинство все-таки преодолевало свое невежество и находило способы получать удовольствия. Действительно, в сделанном пару поколений назад докладе Кинзи, в котором анализировалось сексуальное поведение и его связь с уровнем образования, говорилось: люди с университетским образованием, которых обычно воспитывали очень строго и которые начинали половую жизнь в поздний период юности или будучи уже взрослыми, преднамеренно растягивали и усиливали свое сексуальное наслаждение. Возможно, запретность секса только обостряла их восторг в момент достижения желаемого. Так что если человек обладал сильным характером и был в состоянии перерасти прежние запреты, то запрет сексуальности в детстве не всегда препятствовал нормальному половому развитию.

Первыми против этого молчаливого заговора взбунтовались психиатры и психологи, в особенности Зигмунд Фрейд и его последователи. Они поняли, что секс — явление естественное и нормальное, он предназначен и для получения удовольствия, хотя у людей он намного сложнее, чем у прочих животных. По данным психоанализа многих пациентов, Фрейд заключил, что дети осознают свою сексуальность к трем—четырем годам.

Это проявляется в любопытстве детей по поводу различий в строении гениталий, в желании прикасаться к своим и чужим половым органам (поэтому и привлекательна игра в доктора), их бесконечная игра в «дом», которая представляет собой подражание семейной паре. Наблюдения психологов и педиатров со времен Фрейда показали нам, что младенцы играют со своими гениталиями и исследуют их даже в первый год своей жизни.

Мальчик дошкольного возраста влюбляется в маму и объявляет о том, что когда-нибудь на ней женится. Он жаждет физической близости и исключительного обладания, помещая свою мать на высшую ступень пьедестала как идеал женщины; отдельные черты ее характера и внешнего вида позднее повлияют на выбор им супруги. В то же время он обожает своего отца и подражает ему. Аналогично, девочка влюбляется в отца и пытается стать точной копией матери, на которую она смотрит с восхищением. Дети на практике учатся быть идеальными мужьями, женами и родителями.

На рубеже столетий многие специалисты, изучавшие вопросы ухода за детьми, были озабочены связью между сексуальными расстройствами у взрослых и их страхами и чрезмерным чувством вины. Последние, очевидно, были связаны с родительскими предостережениями, дезинформацией, совращением или полным отсутствием информации в детстве. Из этого выросло движение за половое просвещение, идея которого состоит в том, что предоставление детям правильной информации предотвратит возникновение таких проблем.

В половом просвещении есть много разумных моментов.

Дети в возрасте двух—трех лет замечают различия в строении гениталий, волнуются и задают вопросы.

Примерно в три–четыре года дети начинают спрашивать, как они появились на свет, и обычно их удовлетворяет объяснение, что они вырастают из семечка в материнской утробе. Позднее у них возникает вопрос: как же это семечко попадает внутрь и как ребенок выбирается наружу? Дети склонны предполагать, что мама проглатывает это семечко по аналогии с едой. Тогда родители могут объяснить, как чувство любви между родителями вызывает у них желание обнять друг друга, как пенис отца проникает в вагину матери и как семечко отца попадает в маленькое яичко в материнской утробе.

Разумно помнить при этом, что даже самое понятное объяснение смешивается с детскими фантазиями и что на каждой из стадий развития детей на их вопросы нужно давать новые ответы.

Начиная примерно с шести лет для детей более приемлемо узнавать о сексе на примере животных; в некоторых школах, в первом или подготовительном классах, для этого держат пару морских свинок.

Средний возраст начала полового созревания у девочек — десять лет, а у мальчиков — двенадцать; но вариации в плюс-минус два года очень распространены, и это следует объяснять и дома, и в школе. Менструации начинаются в среднем в двенадцать–тринадцать лет. Некоторые дети, развивающиеся раньше обычного, стесняются этого, а те, у которых все происходит позже, беспокоятся, что с ними что-то не так и у них никогда не начнутся нормальные половые изменения в организме или ускоренный рост. Знания о нормальном половом развитии могут служить родителям ориентиром в их беседах с детьми о сексе.

В помощь родителям учителя (не только биологии, но и языка, истории и обществоведения) будут позволять подросткам во время дискуссий в классе искренне выражать свои чувства и мысли по таким вопросам, как возраст: когда можно начинать пользоваться макияжем и назначать свидания, комендантский час, целомудрие, контрацепция, беременность и брак.

Еще более важно не то, что вы скажете детям, а то, как вы им это скажете. Это поможет им чувствовать себя комфортнее, задавая такие вопросы и не стесняясь обсуждать эту довольно щекотливую тему. Многие родители поймут, что сделать это труднее, чем кажется. Дело в том, что большинству из нас в свое время было привито чувство небольшой тревоги и вины, и это может заставить нас напрягаться, когда ребенок задаст вопрос, и принимать менторский тон. Я не имею в виду, что это помешает откровенному обсуждению, но если вы знакомы с такой проблемой, то, возможно, у вас лучше получится смягчить свой ответ.

Легче всего иметь дело с вопросами двух–четырехлетних детей, потому что этим детям еще не свойственна застенчивость и они еще не заняли оборонительную позицию в вопросах секса. Можно сказать, что своей непринужденностью эти дети облегчают задачи родителей.

С подростками возникают особые проблемы. Они остро чувствуют сексуальность в себе и в своих друзьях. Но им не нравится думать, что их родители испытывают сексуальные чувства или ведут половую жизнь. («Я думал, у них это все уже в прошлом», — говорят они.) Девочки могут начать, а могут и не начинать обсуждение таких вопросов с матерью — это зависит от характера обеих и от отношений, которые сложились между ними. Мальчики не склонны обсуждать подобные темы с отцами, и большинство отцов также воздерживаются от этого. Я хорошо помню, как для откровенного разговора с каждым из моих сыновей — разница в возрасте между ними составляла одиннадцать лет — я ждал удобного случая, когда, например, мы окажемся вдвоем в машине, и ехать надо будет довольно долго. Я осторожно начинал: «Наверное, сейчас удачный момент, чтобы поговорить о некоторых житейских вещах». Каждый из мальчиков отвечал резко и нервно: «Я уже и так все знаю». Я сомневался, что это правда, хотя было очевидно, что им неприятно было говорить о сексе с отцом, но я все равно совершал глупость и устраивал мини-лекцию. По моему мнению, суть одного из способов обойти эти трудности заключается в том, чтобы сказать смущенному подростку: «Вот тебе книга. Если у тебя будут вопросы, я с удовольствием на них отвечу». Иногда именно матери из-за того, что отец не сумел этого сделать, приходится самой обсуждать тему секса с сыном. Так поступила в свое время и моя мать.

Я полагаю, что новое, здравомыслящее отношение к сексуальности, возникшее в результате движения за половое просвещение и прочих толерантных тенденций в психологии и социологии, — это огромное достижение по сравнению с появлением чувства тревоги и неосознанной вины, которые были связаны с обсуждением секса в викторианскую эпоху. Но этот серьезный сдвиг вызвал также изменения, которые я считаю нежелательными. По всей видимости, большинство подростков сейчас воспринимает половую жизнь как нечто совершенно естественное и безвредное, то, что принадлежит им по праву рождения. Это в какой-то степени способствует легкомысленному отношению к сексу, беспорядочной смене партнеров, нежелательным беременностям и распространению венерических заболеваний. Несмотря на всю их кажущуюся искушенность, большинство юношей и девушек, ведущих половую жизнь, упрямо отказываются пользоваться хоть каким-нибудь противозачаточным средством, и я нахожу этот феномен чрезвычайно странным. Если настойчиво их расспрашивать, они ответят приблизительно так: «Я не беременела раньше, не случится этого и в будущем». Или же им не хочется признавать, что они будут продолжать половую жизнь: они предпочитают думать, что их прошлая сексуальность была исключением, вызванным страстью, которая больше не повторится. А некоторые из подростков, которым не хватает родительской любви, мечтают о том, что будут любить малыша, а он в свою очередь будет любить их. Те, кто сердит на родителей, позволяют себе забеременеть только для того, чтобы пристыдить их. Акушеры, с которыми я обсуждал эту проблему, говорят, что единственный выход для родителей заключается в том, чтобы отвести детей к врачу, который даст им конкретные указания по разным способам контрацепции. И даже в этом случае родители должны постоянно напоминать о том, чтобы их дочери и сыновья не забывали пользоваться контрацептивами.

В наше время родителей-одиночек кое-кто утверждает, что матери, доверяя дочери или сыну взрослые тайны, касающиеся в том числе интимных аспектов их жизни, тем самым крадут у ребенка детство. Для родителя, не имеющего супруга, вполне естественно желание обратиться к отзывчивому ребенку с просьбой побыть наедине и обсудить личные тайны. Приводит ли это к искажению взглядов ребенка на жизнь и самого себя, зависит от того, насколько далеко заходит родитель. Я думаю, например, что нет ничего страшного в том, чтобы мать говорила о знакомом мужчине — особенно если ребенок его видел, — упоминая его черты характера и интересуясь мнением сына или дочери о нем. Очевидно, что какие-то мысли по этому поводу у ребенка школьного возраста имеются, и он будет рад возможности поделиться ими, прежде чем отношения между матерью и ее знакомым станут настолько близкими, что мнение ребенка для матери не будет иметь значения и она откажется его выслушать. Но, по моему мнению, если родитель-одиночка рассказывает ребенку подробности ссор с новыми знакомыми или посвящает его в подробности сексуальных отношений с ними, он совершает грубую ошибку. Если же половая связь существует и ребенок в прямой или косвенной форме спрашивает о ней, то лучше быть честным.

Я думаю, родителю, который недавно развелся, желательно не проявлять при ребенке излишнего восторга по поводу нового друга или подруги или демонстративно подчеркивать отношения с ним. Дети до пятнадцати лет обычно настроены против развода родителей и считают отца или мать, которые слишком быстро начинают проявлять сексуальный интерес к другому человеку, предателями. Поэтому я полагаю, что родитель поступит мудро, если не будет торопиться. Лучше устраивать серьезные свидания поначалу вне дома и позволить ребенку познакомиться со своим другом или подругой в непринужденной обстановке, дома или в ресторане. Затем нужно понаблюдать за реакцией ребенка и действовать сообразно ей. Маленькие дети могут упрашивать маму выйти замуж во второй раз, чтобы в доме был отец, но когда появляется реальный кандидат, это желание может смениться грубостью и антагонизмом, особенно это свойственно мальчикам. Они с большей вероятностью будут выражать недовольство мужчиной — агрессором и соперником, чем девочки.

В заключение хотелось бы добавить, что в некоторых отношениях кампания по устранению ограничений и ханжества, связанных с сексом, зашла слишком далеко. Ведь в многочисленных фильмах демонстрируются откровенные сцены полового акта, а иногда и изнасилования. В разных странах во все времена люди подсознательно чувствовали, что половой акт — дело настолько интимное, что требует уединения.

Когда же его показывают в кинотеатре — это, по моему мнению, является неуважением и к людям, и к сексу, а в случае с изнасилованием провоцирует зрителей на то, чтобы они получали удовольствие от жестокости на сексуальной почве. Такое же чувство дискомфорта я испытываю, когда люди, общаясь между собой в компании, употребляют нецензурные слова, связанные с половым актом, в качестве восклицаний, в насмешку или просто «для связки».

Я полагаю, что терпимое отношение к сексу, имеющее место сейчас, заставляет многих подростков и их родителей забыть, что секс в широком смысле слова — это могучая духовная, а не только физическая сила. Именно она заставляет людей влюбляться, а не просто стремиться к сексуальному удовлетворению. Именно она заставляет их идеализировать своих партнеров. Именно она побуждает их стремиться к созданию хорошей семьи и к тому, чтобы быть достойными родителями. И часть этой духовной силы сублимируется в любовь к искусству и природе, в желание служить человечеству и Богу.

Поэтому важно напоминать детям о духовных сторонах половой любви, уравновешивающих ее анатомические и чувственные стороны. Рассказывая дошкольникам о том, откуда берутся дети, родители могут говорить с ними о взаимной любви отца и матери; о том, что она вызывает у них желание заняться любовью, и как они хотят, чтобы у них родились дети, которых они будут нежно любить и о которых будут заботиться. Детям старшего возраста и подросткам родители могут напомнить, что хотя юноши и девушки, скорее всего, переживут несколько влюбленностей, прежде чем поймут, кто им подходит, они в итоге встретят человека, с которым хотели бы жить вместе, о ком с удовольствием будут заботиться и с кем им хотелось бы растить детей.

Родители должны помнить, что их пример как никакой другой учит и воодушевляет детей в наибольшей степени. Поэтому они обязаны проявлять нежность и уважение друг к другу, несмотря на возможные разногласия и даже ссоры. Они должны показывать, как преданы своим детям и как любят друг друга.

4

ДИСЦИПЛИНА: КАК НАУЧИТЬ ДЕТЕЙ СООТВЕТСТВОВАТЬ ОЖИДАНИЯМ

Родители, неуверенные в своих требованиях

По-моему, самая распространенная проблема во взаимоотношениях родителей и детей в Америке — это родительская нерешительность. Она касается и указаний, которые вы даете детям, и контроля за их исполнением. Я не говорю, что эта проблема актуальна для большинства семей, но с ней сталкиваются многие, причем ответственные и чуткие родители страдают из-за нее чаще, чем легкомысленные.

Чтобы помочь вам лучше понять то, о чем пойдет речь, приведу в пример несколько ситуаций, которые я наблюдал в семьях моих друзей.

Мать, обращаясь к семилетней дочери, которая смотрит телевизор в другом углу гостиной, недовольным тоном говорит: «Шарлотта! Уже полдесятого! Ты должна была лечь спать полчаса назад!» «Почему я должна идти спать в девять часов? — возмущается Шарлотта. — Ни одна из моих подруг не ложится так рано! В прошлую субботу ты разрешила мне смотреть телевизор допоздна!»

Мать, вместо того чтобы проявить твердость и настойчивость, выглядит слегка растерянной находчивым ответом Шарлотты и решает вернуться к разговору с гостями. А девочка снова уставилась в телевизор. Полчаса спустя мать восклицает с надрывом в голосе: «Шарлотта, дорогая! Уже десять часов! Ты уже должна десятый сон видеть! А ну, марш наверх!» Но Шарлотта никак не реагирует на ее слова. Она продолжает смотреть телевизор, но краем глаза наблюдает за матерью, чтобы выяснить, достиг ли ее гнев высшей точки. Решив, что нет, девочка предпочитает отложить отход ко сну еще на некоторое время.

Мать спрашивает четырехлетнего сына, который играет на заднем дворе: «Ты уже проголодался?» «Нет», — отвечает он. «Но у тебя может заболеть живот», — объясняет она. «Нет, не заболит», — отвечает мальчик. «Я приготовила тебе спагетти», — говорит мать. Но теперь на сына уже не действуют никакие уговоры, и он заявляет: «Я не люблю спагетти». Хотя на самом деле это неправда.

На дворе декабрь. Только что выпал первый снег, и мать видит, что ее двенадцатилетняя дочь собралась идти в школу в новых туфлях. Она советует дочери: «Надень на них галоши». Девочка отвечает: «Но их никто не носит». Решив, что дочка, наверное, права, мать уступает, чтобы той не пришлось краснеть перед сверстниками.

В этих примерах, некоторые из которых кажутся вам, возможно, недостаточно важными для того, чтобы спорить с ребенком, общим знаменателем являются родители, желающие, чтобы их дети совершали тот или иной поступок, но когда те отказываются, легко идут на попятную.

Не стоило бы заострять внимание на подобных ситуациях, если бы они происходили лишь изредка. Но есть немало семей, в которых подобные споры возникают ежедневно. Когда родители должны дать ребенку какое-либо указание, они делают это в нерешительной и слегка извиняющейся манере, и дети, которые прекрасно все понимают, приобретают привычку спорить с ними или молчаливо игнорировать просьбы родителей. В каком-то смысле отец или мать постоянно занимают оборонительную позицию, и ребенок пользуется своим преимуществом.

Я помню, как столкнулся с проблемой родительской нерешительности, когда в 1930-е годы начинал врачебную практику в Нью-Йорке. Но во времена моего детства случаев такой нерешительности не могу припомнить. У моей матери не было ни малейшего сомнения по поводу своих убеждений или методов воспитания. Иногда я или одна из моих сестер чувствовали, что с нами поступили несправедливо, и пытались убедить мать изменить свое решение или, по крайней мере, смягчить наказание. Но она всегда стояла на своем. Ни у одного из моих друзей не было такой строгой матери, но я не припомню, чтобы хотя бы одна из них отличалась чрезмерной податливостью. Если я прав, то эта тенденция появилась только в двадцатые — тридцатые годы. Каковы же ее истоки?

Полагаю, главным фактором здесь было появление в первой четверти двадцатого столетия психологических теорий, увеличение количества психологов, психиатров и положительное отношение к ним со стороны многих американских родителей. Их книги, статьи и лекции впервые сделали очевидным тот факт, что поведение детей напрямую соотносится с тем, как их воспитывают родители (в прежние времена родители винили во всем судьбу или плохую наследственность).

Не совсем корректные заявления, исходившие из уст некоторых консультантов, угнетали родителей, заставляя их верить в то, что «за каждой проблемой ребенка стоит проблема родителя». Подобные взгляды заставляли чувствительных родителей испытывать вину; они приходили к выводу, что такие распространенные и не слишком важные вещи, как желание сосать палец, кусать ногти, не очень хорошая успеваемость в школе и боязнь собак, появилась в результате неправильного воспитания.

Появление новых тенденций также связано с работами Зигмунда Фрейда, который открыл миру удивительные вещи о человеческом подсознании. В Америке он пользовался огромной популярностью. Фрейд указывал на наличие между родителем и ребенком неосознанной враждебности, на негативное влияние острого чувства вины, а также на естественность сексуальных импульсов даже в раннем детстве. Эти справедливые наблюдения были в новинку для большинства родителей и поначалу вызывали у них сильное беспокойство.

Джон Уотсон также немало шокировал родителей, настаивая на том, что ребенка можно обучить любому поведению, если родители будут достаточно настойчивыми. Если вы хотите, чтобы ваш ребенок стал музыкантом, пусть он с младенчества постоянно слушает музыку. Джон Уотсон считал, что поцелуи, объятия и утешения вредны для развития здорового и сильного характера. Также он советовал отцам один раз в день здороваться с детьми за руку. И многие американские родители поверили в то, что проповедовал Джон Уотсон.

Новые психологические концепции обрушились на сознательных родителей, не имевших в то время надежных критериев их оценки и не знавших, насколько им стоит доверять. У родителей появилась неуверенность в своих действиях, они стали считать, что ничего не знают о воспитании детей, и чувствовали себя виноватыми. Это особенно справедливо по отношению к тем, кто с детства не отличался большой решительностью. Такие родители начали полагать, что только профессионалы знают, как следует воспитывать детей, а родители в большинстве случаев делают это неправильно. Так что, думали они, если сомневаешься в правильности того или иного решения, то лучше вообще ничего не предпринимать. В этой психологической революции родителей сбивала с толку еще и кажущаяся противоречивость в суждениях экспертов. Об одном эксперте газеты писали, что, по его мнению, детям нельзя рассказывать на ночь страшные истории. Другой же заявлял, что в этом нет ничего плохого.

Приведу еще один пример того, как в нашем зацикленном на психологии обществе чувствительные и совестливые родители теряют уверенность в себе и начинают тяготиться чувством вины перед детьми. Они испытывают неловкость оттого, что в прошлом обращение с детьми было куда более суровым, и чувствуют себя виноватыми из-за напряжений в отношениях с родителями. Они хотят любой ценой избежать подобных инцидентов. Завидев на лице ребенка тень обиды или недовольства, они тут же отказываются от всяких требований и предпочитают не напоминать о своих просьбах и воздерживаться от замечаний.

Заметное уменьшение больших семей стало одним из факторов, сделавших новую теорию воспитания привлекательней для многих родителей. В предыдущие столетия молодые родители жили рядом или вообще под одной крышей с бабушками, дедушками и другими родственниками, что способствовало тесному общению членов семьи. Именно так они учились премудростям воспитания — от близких людей, пользовались их доверием и время от времени давали им полезные советы. Постепенно они становились знающими, уверенными в себе людьми.

В наше время молодые пары часто живут далеко от своих семей и многое о жизни узнают от консультантов, из телевидения, книг, газет или лекций в университете.

Следующий фактор, вносящий неуверенность в характер американских родителей, — отсутствие многовековых традиций воспитания детей. В других частях света люди чувствуют свою принадлежность к одному коллективу; семьи живут в одних и тех же местах на протяжении сотен лет, и все придерживаются примерно одинаковых взглядов на воспитание детей.

Но Америка заселялась благодаря мигрантам, первые из которых приходятся на начало семнадцатого века. Представители разных стран приносили свои идеи и представления о воспитании детей. Эти люди покидали свои земли, потому что были недовольны той жизнью, которую там вели. Итак, Америка получила от иммигрантов огромное число плохо согласующихся друг с другом идей, причем далеко не все из них устраивали даже некоторых переселенцев.

В результате американцы испытывали недостаток комфорта, который дает приверженность взглядам, одобряемым большинством. Каждая семья должна сама решать, как она хочет воспитывать подрастающее поколение. В определенном смысле такую свободу можно назвать благом. Но начинающис родители нередко сталкиваются с трудными вопросами, сомнениями, неуверенностью, чувством вины и с тем, что ситуация порой выходит из-под контроля.

Наконец, еще одним фактором, порождающим у родителей неуверенность и пассивность, я думаю, является чрезмерное преклонение перед формальным образованием, или уверенность в том, что ты ничего не будешь знать о предмете до тех пор, пока не пройдешь специального курса обучения. Безусловно, вы не сумеете починить телевизор, если не прочитаете специальную литературу по электронике. Но знания о воспитании детей черпаются главным образом из вашего собственного опыта взаимоотношений с родителями, опыта ухода за младшими братьями и сестрами, а также из работы няней и общения со своими детьми. Доля же знаний, получаемых нами из книг и бесед с другими людьми, весьма незначительна.

Возможно, кто-то, читая эти строки, подумал, что проблема нерешительного поведения родителей осталась в первой трети двадцатого века, когда появилось много новых, подчас противоречивых психологических теорий. Но этот процесс продолжается, может быть, менее интенсивно до сих пор.

Будут ли родители решительными или нет — во многом зависит от того, как с ними в детстве обращались бабушки и дедушки. Некоторые мамы и папы инстинктивно подталкивают детей к тому, чтобы те принимали собственные решения, проявляли инициативу, несли ответственность и испытывали чувство гордости за свои поступки и достижения. Другие более склонны к тому, чтобы предостерегать детей от совершения ошибок, постоянно указывать им на недостатки и выражать сомнение в том, что те способны добиться успеха в новых или сложных ситуациях. Их дети вырастают неуверенными в себе и у них заниженная самооценка.

Эти факторы становятся очевидными, когда у родителей появляются собственные дети.

Какую опасность таит в себе родительская неуверенность? Она не делает из детей преступников и не приводит к возникновению других проблем такого же масштаба. Но она развивает в детях упрямство, непослушание, раздражительность, так как они очень быстро находят и беззастенчиво используют способы получить от родителей то, что им нужно (впрочем, так поступают люди всех возрастов). Более того, родители очень устают от того, что их решения оспариваются и им необходимо постоянно защищаться или поступаться своими убеждениями.

Можно ли преодолеть неуверенность? Я не знаю ни одного простого способа сделать это. Во-первых, у меня создается впечатление, что большинство неуверенных в себе родителей не осознают своих колебаний, хотя отдают себе отчет в том, что их дети постоянно с ними спорят. Прежде всего родителям следует понять, что раздражающая и изматывающая требовательность и непослушание детей могут быть результатом их собственной нерешительности. Осознав это, они получат возможность избавиться от своей нерешительности и научиться стойкости и требовательности.

Я думаю, что многие из таких родителей не решаются быть принципиальными и непреклонными, потому что они приравнивают эти качества к неприветливости, враждебности. Они думают, что если будут проявлять твердость, то дети перестанут их любить, будут на них обижаться. Но такая связь является надуманной. Уверенные в себе родители, твердо знающие, что должны делать их дети, объясняют им суть своих требований и не отказываются от них, всегда говорят о своих просьбах дружелюбным тоном. Они не начинают разговор раздраженным тоном, так как уверены, что дети оправдают их ожидания. А приветливое обращение к детям вызывает у тех желание быть послушными.

Возможно, нерешительным отцам и матерям поможет, если они будут знать, что «неправильное» решение родителей причинит ребенку меньше вреда, чем его собственная привычка постоянно оспаривать требования взрослых. Родитель, желающий избавиться от колебаний, не должен бояться давать разумные ответы на вопросы детей, предъявлять к ним определенные требования и следить за их выполнением.

Когда родители поймут, что ребенок, который постоянно спрашивает: «Ну почему я не могу?», на самом деле не интересуется ответом на свой вопрос, а лишь пытается добиться желаемого результата, они смогут ответить с улыбкой на лице: «Потому что мы знаем, что мы правы». Этим они дают ребенку понять, что ответ ему известен, а кроме того, они устали от бесконечных вопросов.

Родители, пытающиеся избавиться от своей нерешительности и привычки идти на попятную, должны запомнить, что добьются успеха не сразу, а спустя некоторое время. Еще много месяцев дети будут продолжать их шантажировать даже тогда, когда родители добьются частичного успеха в освоении новых навыков. Но с каждой победой родителя сопротивление ребенка будет ослабевать.

Чтобы быть более конкретным, я напомню о трех примерах, которые описаны в начале главы. Мать Шарлотты должна была понимать, что у ее дочери сформировалась привычка оттягивать время отхода ко сну, следовательно, мать должна быть готова, чтобы сообщать ей о наступлении этого времени. Затем нужно проследить за тем, чтобы Шарлотта встала с кресла или дивана и отправилась к себе наверх. Если же она не реагирует на слова матери, даже если та смотрит прямо на нее, то, вероятно, на протяжении нескольких месяцев придется брать дочь за руку, отводить в спальню или в ванную и, может быть, почитать ей перед сном короткую историю.

Мать четырехлетнего мальчика, зная его характер, сама создает себе неприятности, спрашивая, хочет ли он перекусить. Такая постановка вопроса подталкивает его ответить «нет». Намного лучше было бы просто сообщить: «Обед готов». Или: «Как ты думаешь, что я приготовила на обед?»

Еще лучше, если мать знает, что ее сын упрямый, выйти к нему во двор, поговорить с ним о том, чем он занимается, и как бы между делом взять его за руку и отвести в дом. Если он продолжает сопротивляться, то мать может сказать, что она приготовила вкусный обед и хочет, чтобы он поел. Наконец, в крайнем случае, я бы просто взял его за руку и отвел в дом. Возможно, он наотрез откажется от еды, но зато мальчик точно запомнит: если я что-то говорю, значит, так оно и будет.

Скажи мне моя двенадцатилетняя дочь, что никто не надевает галоши даже на новые туфли, я бы спокойно ей ответил, что не хочу, чтобы она испортила обувь, которую ей только что купили. Как вариант, можно предложить ей переобуться в старые туфли и не надевать галоши.

По мере того как дети взрослеют, вы можете давать им все больше самостоятельности, по крайней мере, в вопросах, не имеющих особой важности. Но продолжайте высказывать свое мнение по поводу возникающих ситуаций. Если же речь идет о чем-то существенном, например ваш сын или дочь хотят сесть в машину к пьяному водителю или прокатиться с человеком, которого вы никогда не видели, либо остаться поздно на улице, то родители должны без колебаний вмешаться и запретить то, что может плохо кончиться. Когда же дети хотят поспорить, то стоит дать им возможность высказаться; но если их аргументы покажутся вам неубедительными, следует повторить свое распоряжение и на этом прекратить обсуждение. Проявляя твердость и решительность, вы облегчите ситуацию не только себе, но и детям. Ведь, увидев ваши колебания, они почувствуют, что у них есть повод вступить с вами в спор.

Постоянство в требованиях дисциплины

Некоторые родители думают, что постоянство — главный элемент дисциплины. Но, по-моему, это слишком сильно сказано. Желание ребенка чувствовать себя любимым и расти, подражая своим любящим родителям, — вот главный фактор в обучении ребенка дисциплине. Если родители не питают к ребенку нежных чувств, то у него не будет мотивации, необходимой для хорошего поведения.

Еще один важный фактор — уважение родителей к самим себе и, следовательно, требование уважения со стороны детей: никакая грубость или вызывающее поведение не должны оставаться безнаказанными.

Родителям необходимо предельно четко разъяснить детям, какого поведения от них ожидают. Без такой ясности и определенности дети остаются без надлежащих ориентиров и продолжают давить на родителей, чтобы определить границы, через которые нельзя переходить. Кажется ли ребенку манера речи и действия родителя убедительными? Поймет ли он без лишних слов, что от него не ждут ничего, кроме сотрудничества и послушания?

Следующим пунктом я назвал бы постоянство. Когда ребенок хочет быть любимым и похожим на родителей, а родители уважают себя и придерживаются четких правил поведения, то остается лишь добавить сюда упорство, и тогда можно не сомневаться, что в ребенке будет силен дух кооперации. Постоянство относится, скорее всего, к области правил, тогда как другие факторы дисциплины в большей степени зависят от чувств. Я считаю, что хорошая дисциплина связана в первую очередь с чувствами. Если с ними у вас все в порядке, значит, не стоит сильно беспокоиться о правилах. Но если с чувствами проблема, то с помощью одних правил вы вряд ли добьетесь успеха.

Постоянство в соблюдении дисциплины — стремление родителей и детей придерживаться определенных правил — облегчает жизнь и тем и другим. Оно сводит к минимуму споры, которые представляют собой лишь пустую трату времени и сил. Когда ребенок пытается нарушить правило либо начинает слишком вольно его трактовать, родитель, у которого хорошие взаимоотношения с сыном или дочерью, должен просто спокойно, без гнева напомнить о правиле, и ребенок поймет, что дальнейшие попытки настоять на своем лучше прекратить. Я говорю «спокойно», поскольку, если родитель рассердится, это будет означать, что он не чувствует себя вправе вводить тот или иной запрет или навязывать его, и это подталкивает ребенка к вступлению в спор.

Если родитель собирается устанавливать какие-то правила (чтобы не было необходимости разбираться в одной и той же ситуации несколько раз), то перед этим лучше всего обсудить каждое из них с ребенком. Объясняя, почему необходимо соблюдать то или иное правило, предоставив ему четкое и недвусмысленное описание и пригласив ребенка высказать свои мысли по этому поводу, родитель тем самым гарантирует, что будет следовать этому правилу в дальнейшем. Большинство детей, у которых хорошие взаимоотношения с родителями, понимают, что правила необходимы и охотно подчиняются им, если только эти правила не были установлены в ходе словесной перепалки.

Подразумевает ли постоянство то, что правило никогда не может быть нарушено? Нет. Правила нужны для того, чтобы общение родителей и детей проходило более ровно. Но если родители хотят приостановить действие какого-то правила, то они не должны колебаться. Время отхода ко сну может быть изменено, например, по случаю праздника или приезда близкого родственника. Правило, касающееся конфет, печенья и тортов, можно отменить, когда ребенок приглашает на день рождения друга или когда бабушка привезет ему сладости.

С другой стороны, если приостанавливать действие правила несколько раз в неделю, то оно потеряет свою эффективность. Но когда родители считают, что то или иное правило можно нарушить, они не должны долго спорить с ребенком — даже на протяжении пятнадцати минут — и лишь затем уступать, реагировать на его просьбу нужно сразу. Иначе ребенок сделает вывод, что спор и попрошайничество — хорошие способы заставить родителей пойти на уступки, и он будет пытаться пользоваться ими постоянно.

Почему дети, почувствовав в родителях слабину, сразу начинают спорить и перечить? Мы обычно забываем, что имеем абсолютную власть над детьми вплоть до достижения ими подросткового возраста. Представьте себе, что прежде, чем совершить какое-либо действие, мы должны спрашивать позволения у строгой бабушки или у требовательного дедушки, которые живут вместе с нами. Если бы они нам указывали, во сколько нужно вставать, что есть и пить, как вести себя за столом, что одевать, как тратить деньги, куда ехать в отпуск, каких друзей приглашать к себе домой, во сколько ложиться спать, тогда мы, естественно, стали бы их умолять, спорить с ними, чтобы добиться своего. В такой ситуации мы могли бы согласиться с правилами, только если бы они казались нам честными. Того же следует ожидать и от детей.

Роль отца в поддержании дисциплины

Как-то я встретился с группой матерей, которые воспитывали детей, посещавших начальную школу. Я поинтересовался, о чем они хотели бы со мной поговорить. Мы перебрали несколько тем, но ни одна из них у большинства присутствовавших не вызвала энтузиазма. Наконец, одна женщина предложила обсудить проблему уклонения отцов от участия в поддержании дисциплины. Все мамы вдруг оживились — очевидно, что у каждой было что сказать по этому вопросу. Многие из них желали выразить свое возмущение по поводу того, что мужья перекладывают всю ответственность за воспитание детей на их хрупкие плечи.

Я помню, как одна мать с сарказмом разыграла сцену, которая чуть ли не каждый вечер повторялась в их семье. Наступало время отхода ко сну, и три девочки должны были тихо укладываться в свои кровати. Но вместо этого можно было слышать, как они хохотали, бегали по комнате и ссорились. Тогда мать обращалась к отцу со словами: «Я целый день только и делала, что бегала за ними, ругала и успокаивала их. Теперь, пожалуйста, поднимись к ним ты и уложи их спать. Покажи им, что тебе не нравится их поведение, и пусть они поймут, что ты не шутишь». Затем она изображала, как ее супруг доходит до лестницы и, не поднимаясь наверх, кричит: «Девочки, уже поздно! Пожалуйста, успокойтесь и ложитесь спать. Спокойной вам ночи». Присутствовавшие в один голос осудили мягкотелость отца и выразили сочувствие матери. Подобные примеры привели и другие члены группы.

Какие уроки можно извлечь из этой ситуации, типичной для многих семей, и какие выводы сделать? Отец, возвратившийся с работы в предвкушении приятного вечера, который он проведет вместе с семьей, вряд ли захочет взять на себя роль строгого судьи и разбирать проступки детей, совершенные ими во время его отсутствия. Он может не подумать о том, что за целый день его жена устала и теперь, когда он вернулся, ожидает от него активных действий по наведению порядка в семье.

Некоторые отцы мне говорили: «Я не хочу, чтобы мои дети обижались на меня так же, как я частенько обижался на своего отца». Поэтому они хотят быть для детей только друзьями и избегают высказывать в их адрес неодобрение; о дисциплине не может быть и речи.

Желание быть для ребенка другом может быть вполне разумным, но не всегда. Конечно, многим родителям удается без особого труда общаться с детьми, как со своими близкими друзьями. Это делает семейную жизнь намного приятней и богаче. Богаче в том смысле, что родители и дети могут чаще делиться друг с другом не только хорошим настроением, но и тем, что вызывает у них беспокойство, а также в процессе такого доверительного отношения они многому учатся, наблюдая друг за другом. Но когда отец, раздосадованный поступком сына, пытается подавить или скрыть свое неодобрение, потому что хочет быть для него только другом, ребенок все равно заметит недовольство родителя. Более того, мальчик, видя, что отец скрывает гнев, начнет волноваться и недоумевать: «Зачем он это делает? Неужели он настолько рассержен, что если выпустит злость наружу, это может очень плохо кончиться?» Формулируя иначе, раздражение или гнев, которые выражаются открыто, суть известные величины. Ребенок может оценить их силу, видит их начало и конец. Он по-прежнему жив-здоров и, возможно, пройдя через это, стал умней и смелей.

Хороший отец может быть другом сыну и вместе с тем, когда требуется, предписывать правила поведения и следить за их соблюдением, нисколько при этом не колеблясь.

Стоит заметить, что именно отождествление с отцом, с его силой и решительностью позволяет мальчику духовно расти и готовиться к исполнению роли мужчины. Если сын чувствует, что отцу недостает уверенности в себе или что он боится вести себя так, как положено отцу, то это вызывает у него разочарование и лишает нормального образца для подражания.

Я убежден, что отец должен принимать активное участие в воспитании дисциплины у детей. Если же он предпочитает уклоняться от своих обязанностей, то жена должна ему о них напомнить!

Отцу следует знать, что его сын или дочь не получат пользы от слишком мягкого обращения и потакания их капризам. В общении с детьми во всем и всегда ему необходимо всеми силами стараться избегать колебаний.

Это не значит, что отец должен ходить хмурым, разговаривать с детьми командным голосом и постоянно искать повод для наказания. Дружелюбное и спокойное напоминание об обязанностях — лучший подход, говорим ли мы о семье, школе или предприятии. Суть его в том, чтобы указывать ребенку (или студенту, подчиненному) на ошибку или оплошность, воздерживаясь от замечаний о его испорченности или некомпетентности. От хорошего родителя требуются также лидерские навыки, умение объяснить ребенку ясно и доходчиво, чего от него ждут. Объяснять надо спокойным и уверенным тоном, чтобы ребенок понимал: у родителей нет даже мысли о том, что в следующий раз он может ослушаться.

Что еще более важно — так как это касается всех семей, — отец должен знать, что, давая детям определенные указания, не всегда нужно следовать примеру собственных родителей, особенно если у тех дисциплина была сопряжена с гримасой гнева на лице, руганью и упреками.

Отец, которым дети восхищаются и на которого они желают походить, давая наставления сыну или дочери, делится с ними своими убеждениями, идеалами, раскрывает им секреты своего вдохновения. То же в значительной степени относится и к матерям. Итак, дети чувствуют, что они становятся сильнее и мудрее, подражая отцу, впитывая в себя его взгляды, особенно если он всегда с ними дружелюбен и избегает проявлять к ним враждебность. Мы должны знать, что к дисциплине в смысле установления контроля за поведением детей нужно относиться не как к неприятной обязанности, а как к возможности проявить свои лидерские качества, и поощрять детей на совершение хороших поступков.

В семьях, в которых отец постоянно уклонялся от участия в воспитании детей, мать должна серьезно поговорить с ним о необходимости совместного контроля за поведением сыновей или дочерей. Акцент на том, что благодаря дисциплине дети усваивают мировоззрение родителей и учатся вести себя, как взрослые люди. Это поможет родителям осознать, что оба они играют важную роль в становлении личности своих детей.

Обман

Четырехлетний мальчик говорит вам, что, как ему кажется, в кустах возле дома поселился лев. Что он этим хочет сказать? Или пятилетний ребенок на протяжении полугода сообщает вам о фантастических приключениях своего воображаемого друга. Возможно, он начнет обвинять воображаемого друга в тех проступках, которые совершил сам. Почему мальчик придумал этого друга? Десятилетняя девочка неумело исправляет оценки в своем не очень хорошем табеле успеваемости. Что ж, по крайней мере, в этом случае нам нетрудно догадаться, для чего она это делает.

До шестилетнего возраста у детей есть несколько видов «неправды», и мы должны понимать разницу между ними. Начиная с трехлетнего возраста родители получают доступ к воображению ребенка благодаря его рассказам, воображаемым играм и друзьям. Этот вид фантазий можно рассматривать как признак постепенного созревания мозга дошкольников — что относится к их эмоциональной жизни и умственной деятельности. На родителей производит сильное впечатление связь между развитием воображения и речевыми навыками их сына или дочери.

В этом возрасте дети еще не способны проводить четкие разграничения между реальным и воображаемым миром. Поэтому четырехлетний мальчик, который любит слушать приключенческие рассказы и заявляет родителям, что по соседству с их домом поселился лев, вовсе не пытается их обмануть или что-то выпросить; он просто рассказывает родителям интересную историю наподобие тех, которые рассказывали ему они. Не нужно бранить его за то, что он ее сочинил. В действительности родители должны относиться к этому явлению, как к важному скачку в развитии их ребенка. Лучше всего, если они отреагируют на его рассказ примерно такими словами: «Молодец, ты сочинил прекрасную историю».

С другой стороны, четырехлетний ребенок, который то и дело сообщает о страшных фантастических происшествиях и проявляет другие знаки повышенной тревожности — такие, как боязнь других детей, ночные кошмары, паника, когда мать, придя с ним в торговый центр, оставляет его в комнате для детей, — нуждается в помощи педиатра или психолога. В подобной ситуации фантастические истории — один из симптомов повышенной тревожности.

Если мать увидела, как ее трехлетняя дочь из зависти отобрала игрушку у годовалого ребенка и тем самым заставила его плакать, то этот поступок не делает чести ее дочери. Но если та все отрицает, надеясь избежать выговора или наказания, то это уже самая настоящая ложь. Родитель, уверенный, что девочка говорит неправду и хорошо умеющий понимать ее виноватый взгляд, все же поступит мудро, если, не спрашивая о причинах, сделает следующий шаг и скажет: «Будь доброй с ним. Он любит тебя» или «Я знаю, тебе иногда не хочется, чтобы он был с нами, но я не позволю, чтобы ты причиняла ему вред». Нет смысла спрашивать у ребенка, совершил он проступок или нет, но ваш вопрос побудит его к явной лжи и только еще больше усложнит ситуацию.

Допустим, у маленького ребенка есть воображаемый приятель, с которым он часто совершает фантастические путешествия. Это широко распространенное и нормальное явление. Оно присуще и детям, у которых мало друзей, и довольно общительным мальчикам и девочкам. Но если ребенок мало общается со сверстниками, то несколько раз в неделю родителям стоит водить его на игровую площадку, где он мог бы поиграть с другими детьми. Кто-то из родителей, предположим, захочет отдать такого ребенка в детский сад. Что ж, там малыш, нуждающийся в общении с ровесниками, может его получить. Кроме того, совместная игра с другими детьми способна удовлетворить его потребность в воображаемой игре. Но он будет знать, что, несмотря на вымышленный характер историй, здесь актеры — такие же реальные люди, как и он сам.

Маленький мальчик, который регулярно использует созданный им образ воображаемого приятеля для того, чтобы перекладывать на него вину за свои провинности, подсказывает нам наличие проблемы несколько иного рода. Возможно, родители мальчика установили слишком строгие стандарты поведения, и малейшая ошибка вызывает у него чувство вины. Любой другой ребенок стряхнул бы с себя это чувство за считанные секунды, тогда как в него оно вцепляется мертвой хваткой. Если дело обстоит именно так, то родителям нужно смягчить ряд своих требований.

Почему бы не позволять ребенку для своего удовольствия рассказывать вымышленные истории или обвинять в своих проступках маленьких компаньонов, которых он придумал? Я, конечно же, не считаю, что нужно подавлять творческое воображение маленьких детей. Оно им понадобится в школьные годы, равно как и в их профессиональной деятельности, и в общении с людьми. Но я не считаю, что мы должны поощрять в детях, когда они становятся старше (достигают возраста шести или семи лет), путаницу по поводу того, что реально, а что нет. Это приводит к появлению у некоторых взрослых желания постоянно рассказывать небылицы и выставлять себя чуть ли не героями, даже в том случае, если ложь не дает им никаких преимуществ и в скором времени ее неминуемо должны разоблачить. А человек, который никогда не признает своей вины, даже когда она очевидна, и все время сваливает ее на других, воспринимается окружающими как крайне ненадежный и вызывает у них неприязнь.

Легче всего говорить о лжи, когда мы имеем дело с детьми семи лет и старше, потому что они уже понимают разницу между правдой и неправдой. Школьники часто обманывают родителей, когда речь заходит об их успеваемости. Во многих школах некоторые дети чувствуют, что стандарты, с которыми им пришлось столкнуться, очень строги. По их мнению, школьные учителя только тем и обеспокоены, чтобы судить своих учеников и изобретать для них различные наказания, будь то выговор, порицание перед всем классом или исключение. Родители нередко добавляют к этим наказаниям свои и тем самым усложняют ребенку жизнь.

Причины плохой успеваемости бывают разные. Например, у какого-то ребенка коэффициент интеллекта ниже среднего уровня, у другого проблемы с чтением или счетом. Эти причины, к сожалению, никто не удосужился выявить, проанализировать или попытаться решить с помощью коррекционных мероприятий. Ребенок, которому никогда не читали книги и не привили тяги к знаниям, вероятнее всего, не будет иметь навыков, необходимых для хорошей учебы. Невнимательность и рассеянность во время уроков иногда можно объяснить особенностями темперамента, предрасполагающего к дефициту внимания, или наличием эмоциональной проблемы — все это мешает ребенку сосредоточиться на учебе.

Я перечислил несколько проблемных областей, чтобы напомнить вам о большом количестве подводных камней, с которыми приходится сталкиваться младшим школьникам. Теперь, я думаю, понятно, почему многим из них тяжело противостоять искушению прибегнуть ко лжи, когда они в очередной раз попадают в неприятное положение и оказываются не способными объяснить родителям или учителям, в чем заключается их беда. Столкнувшись с любой школьной проблемой, независимо от того, говорит ребенок правду или обманывает, родителям нужно обратиться за помощью к учителю и директору. Они оценят масштаб проблемы, дадут рекомендации по поводу тестирования школьных навыков и психологических особенностей ребенка и решат, стоит ли обращаться к школьному консультанту или лучше сходить на прием к педиатру или психологу.

Если родители обнаружат, что ребенок вносит исправления в табель успеваемости, ворует вещи одноклассников, деньги из кошелька матери или жевательные резинки в магазине и не признается в этом, то первое, что требуется от родителей, — это заставить ребенка сознаться во лжи и извиниться перед тем, кому он причинил ущерб. Если ребенок робеет, то лучше, если родители будут находиться рядом с ним, они могут даже говорить от его имени: «Он сожалеет и больше такого не повторится».

Если ребенок солгал брату, сестре или другу, сказав, что, например, игрушку сломал не он, то и в этом случае он должен немедленно попросить прощения.

Но, предположим, нет надежных доказательств того, что ваш сын или дочь солгали. Когда мы говорили о маленьких детях, то я подчеркнул, что спрашивать их о том, сказали ли они правду, это значит подталкивать их к очередной лжи. И чем настойчивее вы будете добиваться от них признания, тем упорнее окажется их сопротивление тому, чтобы признаться в обмане. И если ваш предыдущий опыт, а также виноватый вид ребенка говорят вам, что, скорее всего, он солгал, то будет намного лучше, если вы убедительно произнесете: «Я думаю, ты сказал мне (или кому-то еще) неправду. Я хочу, чтобы ты всегда был честен со мной, а я в свою очередь тоже буду с тобой правдив, так что мы всегда сможем верить друг другу». Затем, не ожидая ответа на свое заявление, сразу же объясните ребенку, что он должен извиниться перед тем, кому солгал; если это был другой человек, обсудите с ребенком, когда лучше с ним встретиться. Если вдруг окажется, что вы ошиблись в своих подозрениях, то выразите по этому поводу свое искреннее сожаление. Наконец, не имея достаточной уверенности в том, что ребенок сказал неправду, лучше воздержитесь от упреков. Если он действительно начал экспериментировать с ложью, то вам еще представится случай это обнаружить.

Возможно, вам покажется, что помимо принесенных извинений он должен быть еще как-то наказан, но вид родителя, который, взяв его за руку, идет с ним к обманутому им человеку, послужит ему хорошим уроком и запомнится надолго. Никакое наставление не произведет на ребенка более сильного впечатления, чем подобный поступок его отца или матери.

Кроме того, сталкиваясь с той или иной нравственной проблемой, мудрый родитель заверит ребенка, что по-прежнему ему доверяет и не сомневается в том, что отныне его сын или дочь будут вести себя хорошо. Гнев и обличение могут только ожесточить сердце ребенка.

Если ребенок, несмотря на разоблачение и извинения, продолжает постоянно лгать, то родители должны сделать вывод, что проблема лежит глубже, чем в случае с единичными эпизодами обмана, и им нужно обратиться за помощью к специалисту по психическому здоровью: опытному педиатру, психологу или сотруднику семейной социальной службы.

Но независимо от того, солгал ли ребенок в первый раз или прибегает к обману постоянно, важно показать ему своим поведением, что вы по-прежнему его любите и верите, что рано или поздно он перестанет говорить неправду.

5

СОЦИАЛЬНОЕ РАЗВИТИЕ ДЕТЕЙ

Игра: «работа» маленьких детей

Для взрослых игра обозначает, например, такие занятия, как плавание, бейсбол или гольф; ее смысл сводится для нас к развлечению. Мы противопоставляем ее работе, без которой не смогли бы прожить, но которая не всегда доставляет нам большое удовольствие, хотя и способна приносить удовлетворение. Все спонтанные действия детей мы снисходительно называем игрой, как бы подразумевая, что они просто развлекаются и не делают ничего серьезного. Но мы заблуждаемся, перенося наше взрослое противопоставление игры и работы на детей.

Большая часть детской игры на самом деле является очень напряженной работой. Ее разнообразные формы определяются инстинктами, подталкивающими детей к исследованию окружающего мира и самих себя, что, в свою очередь, способствует взрослению. Вместе с тем детская игра — очень приятное и увлекательное занятие, потому-то дети и проводят в ней столько времени, работая до тех пор, пока не доведут до совершенства те или иные навыки.

Полуторагодовалый ребенок засовывает ручки в деревянную коробку и достает оттуда дюжину цветных кубиков. Он осторожно расставляет их в ряд или пытается соорудить из них пирамиду. Затем он по одному складывает кубики обратно в коробку и минуту спустя снова их оттуда достает. Малыш проделывает эти действия еще и еще раз, целиком поглощенный своим занятием, пока ему, наконец, не предлагают сделать перерыв на обед.

Девочка двух с половиной лет сжимает в кулачке фиолетовый карандаш и что-то старательно рисует им на листе бумаги. Кажется, что рисование требует от нее максимального напряжения, но в действительности она не прилагает никаких усилий для того, чтобы изобразить человека или неодушевленный предмет. Девочка просто совершает движения, необходимые для рисования, водит карандашом то в одном, то в другом направлении, как можно сильней прижимая его к бумаге.

Взрослый наблюдатель может сделать вывод, что эти дети получают удовольствие от незамысловатых игр и развлечений. Но и рисование картинки или строительство пирамиды из кубиков требуют от очень маленьких детей такой же сконцентрированности и таких же усилий, сколько дети более старшего возраста прилагают для освоения навыков чтения или счета. Закончив свою созидательную деятельность, они, наверное, будут испытывать удовлетворение, но само действие, как кажется, не приносит им радости. Взрослым трудно понять, что игра детей сопряжена с усилием, потому что они привыкли проводить четкое различие между работой — той, которая представляется им как обязательная рутина, — и игрой, содержащей в себе только элемент развлечения. И большинство из нас также не видит связи между игрой и получением образования, потому что игра имеет мало общего с учебой в школе.

Тем не менее родителям важно понимать и ценить значимость игры. С помощью этих зачастую одинаковых игр маленькие дети осваивают огромное количество навыков — от координации движений до умения считать. А используя силу воображения для копирования действий и поведения взрослых, мальчики и девочки постепенно начинают понимать, что означает быть ответственным членом общества и отзывчивым человеком.

На протяжении первых шести — двенадцати месяцев жизни ребенок будет прикасаться ко всем предметам, находящимся в пределах его досягаемости, начиная от деревянных ложек и заканчивая ключами от квартиры. Он будет крутить их в разные стороны, жевать, стучать ими по столу или трясти, если они издают какой-то звук. Все эти серьезные попытки исследования и экспериментирования с предметами окружающего мира намного серьезнее, чем рассматривание ученым в микроскоп новой для него субстанции.

К возрасту одного года дети начинают получать удовольствие от помещения маленьких предметов в большие емкости и от попыток ужать эти емкости до размеров маленьких предметов. Перемещение игрушки на колесиках (или просто картонной коробки) по всему дому — еще один вид деятельности, вызывающий у ребенка повышенный интерес. У малыша этого возраста могут уйти месяцы на то, чтобы обнаружить, как обходить препятствия в виде столов или стен, возникающих у него на пути. Он также далеко не сразу сообразит, что тянуть большие предметы легче, чем толкать. Но терпение и решительность, с которыми дети берутся за исследование подобных задач, — лучшее доказательство серьезности и значимости для них игры. Если бы дела обстояли иначе, дети не уделяли бы столько времени освоению простых двигательных навыков.

Родители и некоторые профессионалы недоумевают, почему детям требуется так много времени на освоение одних игровых навыков и значительно меньше на освоение других. К примеру, годовалая девочка способна за один час научиться карабкаться вверх по лестнице, используя руки и колени, хотя такие действия требуют хорошей координации движений и изрядной смелости. Тот же самый ребенок может на протяжении нескольких дней безуспешно пытаться поместить большой треугольный кубик в маленькое круглое отверстие. Швейцарский психолог Жан Пиаже в своих фундаментальных исследованиях особенностей детского развития показал: маленькие дети будут постигать эти навыки по-своему и в свое время. Родителям важно с уважением относиться к тому таинственному расписанию, которое определила природа, и не заставлять ребенка делать то, к чему он еще не готов.

Конечно, отец и мать могут участвовать в играх ребенка, не оказывая на него никакого давления. Например, игра в приготовление торта или прятки вызовет у годовалого малыша бурю положительных эмоций, тогда как двухлетний ребенок получит больше удовольствия от совместного рисования. Родителю нужно помнить, что инициатива в таких играх большую часть времени должна принадлежать его сыну или дочери; на самом деле маленькому ребенку нравится, что взрослый следует его указаниям. Но некоторые родители (в том числе и я) не способны противостоять искушению взять контроль над ходом игры в свои руки.

Я помню, как много лет назад наблюдал за своим сыном, тащившим игрушечный паровозик по ковру. «Нет, нет, — сказал я. — Нужно поставить его на рельсы, вот так». Довольно скоро сын оставил паровоз на рельсах и отправился искать другую игру.

Между шестнадцатью месяцами и двумя годами дети начинают проводить все больше времени, наблюдая за родителями и пытаясь копировать их действия. Мальчики и девочки с восхищением наблюдают за такими рутинными действиями, как подметание дорожек или вождение автомобиля. Двухлетний ребенок может провести весь день в песочнице, готовя воображаемые блюда: взбивать «яйца», добавлять в полученную смесь определенное количество «соли» и «перца» и все это заливать сверху водой. Обычно дети играют в подобные игры сами с собой; ребенок этого возраста может наблюдать за игрой других детей и даже подражать их действиям, но он навряд ли захочет к ним присоединиться.

Почему дети одного–двух лет играют одни? Потому что они еще не испытывают дружеского чувства друг к другу и не получают удовольствия от совместной игры. Любовь малыша в первую очередь направлена на родителей и основана на зависимости от них. Он любит тех, на кого может положиться, и кто всегда удовлетворяет его потребности в еде, безопасности или в утешении.

Следовательно, попытки заинтересовать детей совместной игрой до тех пор, пока им не исполнится три года, будут непродуктивны или даже вредны. В два года у ребенка очень сильны собственнические чувства. Он прекрасно знает, какие вещи и игрушки принадлежат ему, и будет их защищать, если на них кто-то покусится.

Если девочка увидит, что другой ребенок возьмет ее куклу, она закричит: «Мое!» — и выхватит ее у него из рук. Если во время игры в кубики к ней захочет присоединиться брат или сестра, она, скорее всего, соберет все кубики в охапку и откажется ими делиться. Но она может получать удовольствие от «параллельной игры», то есть от наблюдения за действиями другого ребенка и попыток их копировать.

Когда родители заставляют двухлетнего мальчика делиться своими игрушками с товарищем, он расценивает это как предательство. Ведь это же недопустимо: чужой ребенок пытается завладеть его вещами, а родители с ним заодно! В результате его собственнический инстинкт может только обостриться, и к нему нельзя будет подойти ближе чем на несколько шагов. Но если родители терпеливо дождутся, когда ребенок начнет проявлять интерес к игре со сверстниками, тогда можно будет смело приступать к развитию навыков щедрости. Предложения о совместной игре должны звучать так, чтобы ребенок ими заинтересовался. Например, родитель говорит: «Сначала ты покатаешь Чарли в твоей коляске, а потом он тебя в своей» или «Ты будешь водителем автобуса, а Чарли пассажиром. Потом ты станешь пассажиром, а Чарли будет тебя везти». Если ребенок отвергнет ваше предложение, то лучше отложить организацию совместной игры еще на один месяц.

В три или четыре года дети по-прежнему могут проводить много времени, играя в одиночестве, но они уже умеют получать удовольствие и от игры с ровесниками. В этом же возрасте становится особенно сильным их отождествление с родителями: они копируют действия родителей, их манеру речи, походку. Любимая игра у большинства детей этого возраста —«в семью».

Мальчик говорит девочке: «Я буду папой, ты — мамой, а кукла будет нашей дочкой». Затем в течение нескольких часов каждый ребенок играет отведенную ему роль. Мальчик будет изображать, что он ходит в офис, магазин или бакалейную лавку, ухаживает за детьми, если так делает его отец; девочка будет в деталях воспроизводить то, чем дома или на работе занимается ее мать, имитируя ее слова и тон голоса.

В игре «в семью» ребенку, изображающему из себя отца, возможно, придется успокаивать плачущего младенца или разнимать дерущихся братьев; ему также нужно будет придумать, как лучше всего разделить обязанности по дому с матерью. А ребенок, играющий в детский сад, может похвалить свою младшую сестренку за то, что та отгадала загадку, или, наоборот, отчитать за плохое поведение. Так дети начинают понимать, что значит быть мужчиной или женщиной, работником и родителем. Они учатся ответственности, честности, внимательности и любви; у них формируются идеалы и образцы поведения, которые будут с ними на протяжении всей их последующей жизни.

К несчастью, в нашем обществе, в котором дошкольному образованию детей уделяется так много внимания, многие родители недооценивают важность игры и бывают озабочены лишь тем, насколько быстро их трех—четырехлетние дети освоят навыки чтения, письма или счета.

Они предполагают, что раннее начало обучения поможет их детям учиться лучше сверстников и в целом сделает их более успешными людьми. На самом деле исследования показывают, что у дошкольника, которого рано начали обучать школьным навыкам, в первое время успеваемость, возможно, будет лучше, чем у его одноклассников, но через несколько лет их показатели выровняются. Однако велика вероятность и того, что в эмоциональном и социальном развитии бывший «вундеркинд» будет отставать от своих ровесников.

Мне часто приходится наблюдать, что родитель, который видит, как его ребенок в детском саду «всего лишь играет в дом», или «всего лишь играет в магазин», или «всего-навсего играет в автобус», начинает волноваться: драгоценное время тратится на такие «пустяки», и было бы куда больше пользы, если бы он начал учиться читать или считать. Но думать так все равно что хотеть, чтобы повозка ехала впереди лошади. Трех—четырехлетние дети чаще всего играют в ролевые игры, благодаря которым они учатся быть ответственными взрослыми. Не следует лишать детей этих занятий и вместо них давать им букварь. Начинать готовить ребенка к школе лучше всего с пяти лет, но и тогда у него должно оставаться много времени на различные игры.

Нет вреда в том, что родитель будет отвечать на вопросы своего любознательного четырехлетнего сына, который начнет интересоваться, как называется та или иная буква или цифра. Я выступаю против систематического и организованного обучения дошкольников учебным предметам.

В играх дети вырабатывают и тренируют некоторые из необходимых им навыков, важнее которых, пожалуй, ничего нет. Я говорю о совместной деятельности, щедрости, общении и заботе о других, об освоении образцов поведения, которые помогут им в будущем играть роли мужчин и женщин, отцов и матерей. Без этих качеств Земля перестанет вращаться, и люди не смогут быть счастливыми и получать удовольствие от жизни. Мы должны быть благодарны природе за то, что она щедро отмерила время для маленьких детей, чтобы они постигли, освоили как можно больше бесценных навыков, и что это происходит с такой быстротой и энтузиазмом.

Соперничество между братьями и сестрами

Соперничество братьев и сестер состоит из множества элементов. Во-первых, мы, люди, как и животные, отличаемся сильной внутривидовой конкуренцией. Не только в детстве, но и уже став взрослыми мы с подозрением следим за тем, как бы окружающие не получили больше, чем мы, или больше, чем им положено, внимания, престижа, денег, любви или одежды.

Вы можете быть уверены, что если родитель отдает предпочтение одному ребенку перед другим, то другой будет каждой клеточкой своего тела чувствовать, что ему уделяют меньше внимания, чем он заслуживает. Но я не хочу сказать, что родитель должен выражать любовь к каждому из детей совершенно одинаково; это невозможно, ибо все дети отличаются друг от друга, и родители по-разному ценят в них различные качества. Вы любите нежного ребенка за его нежность. Называете мальчика грубияном, а девочку сорванцом за их неопрятность и невозмутимость. Один ребенок может раздражать вас больше, чем другой. Но это не значит, что вы любите его меньше. По сути, вы можете сказать: «Она такая же, как я; мы прекрасно друг друга понимаем; вот почему мы так часто ссоримся».

Я заметил, что соперничество первого ребенка со вторым носит более ожесточенный характер, чем второго с третьим, хотя из этого правила бывают исключения. Одним из объяснений этого факта служит то, что на протяжении нескольких лет родители были в полном расположении первого ребенка, так что ему тяжело смириться с необходимостью уступать часть их внимания кому-то еще. Тогда как второй и третий дети были с самого начала лишены постоянного внимания родителей.

Первенец находит объяснение своего превосходства в том, что причисляет себя к числу взрослых членов семьи. Он ведет себя по отношению к малышу снисходительно: «Мам, смотри, во что он превратил свой завтрак!»

Первенец обычно отличается большей чувствительностью, робеет во время общения со сверстниками и легко обижается на грубость или несправедливость с их стороны. В противоположность ему второй ребенок получает удовольствие от знакомства с новыми детьми и легко завоевывает их доверие. Среди аспектов этой повышенной чувствительности нередко присутствует заниженная самооценка, которая для таких детей может оставаться проблемой на протяжении многих лет.

Когда любящие родители замечают в своем первенце эту чувствительность, то склонны оценивать ее только с негативной стороны. Но они неправы. Благодаря своей чувствительности их сын или дочь лучше понимают проблемы других и могут сделать карьеру в таких профессиях, как учитель, социальный работник, воспитатель, психолог или врач. А его или ее серьезность только увеличат шансы на успех. Первенцы получают более высокие оценки в школе и не так легкомысленно относятся к жизни. Большинство родителей ценят эти качества.

Но помимо специфических трудностей, которые касаются очень ревнивого отношения первого ребенка ко второму, есть и другие проблемы, связанные с соперничеством братьев и сестер в принципе, независимо от того, говорим мы о первом или о пятом ребенке.

По мнению родителей, это соперничество раздражает их в детях едва ли не больше, чем все остальное. Даже если в семье нет никаких других проблем, то одни только детские ссоры способны ежедневно поднимать на уши весь дом, причем иногда достается еще и соседям!

Когда я впервые осознал, как родительское отношение способно подстегивать соперничество между детьми, я был поражен. Так, у одних супругов было трое маленьких мальчиков, которые постоянно спорили и забирали друг у друга игрушки. Однажды дедушка с бабушкой пригласили их на две недели к себе в гости, но без детей. Мать очень беспокоилась о том, как поживают ее дети, и каждый день звонила домой. Она со страхом ожидала, что няня будет жаловаться на бесконечные драки и будет угрожать, что откажется от работы. Но няня докладывала ей, что у них все хорошо. Приехав домой, родители увидели, что мальчики сидели на диване и слушали, как няня читает им книгу, а потом они очень спокойно играли с игрушками. Няня, женщина средних лет, не казалась строгой или суровой. Она обращалась с детьми ласково и дружелюбно.

Мать любила своих детей, но часто, общаясь с ними, проявляла нетерпимость, раздражительность и была заранее настроена на поражение. Она делала им замечания и постоянно за что-нибудь ругала, но при этом вовсе не ожидала, что они прислушаются к ее замечаниям. Мне кажется, что дети постоянно получали от нее примерно следующую установку: нужно ссориться, браниться, и если ты будешь жаловаться громче всех, то можно рассчитывать, что мать поддержит именно тебя, не будучи, впрочем, уверен, что это непременно произойдет. Мать и каждый из ее сыновей признавали свое поражение еще до начала очередного конфликта. Никто не был способен адекватно реагировать на происходящее.

Когда мальчики остались с няней, ситуация изменилась. Они понимали, что няню наняли для того, чтобы за ними присматривать, и что она отлично знает, как подобает вести себя детям. Но ей не нужно было ругать или наказывать детей; она могла оставаться приветливой и спокойной, потому что была уверена в себе и в своих навыках ухода за детьми. Возможно, ее вырастила такая же спокойная, уверенная в себе и любящая мать.

Я не утверждаю, что дети в точности воспроизводят стиль воспитания своих родителей. Здесь задействован ряд факторов. Предположим, ребенок в чем-то похож на родителей, а его брат или сестра в этом отношении представляют собой их полную противоположность. Но то, как родители воспитывали своих детей, в любом случае окажет на них определенное влияние.

Как помочь детям избежать или свести к минимуму переживания, связанные с соперничеством? Как помочь самому себе сберечь нервы? Как оградить внуков от причинения вреда друг другу? Как не допустить, чтобы они превратились в ревнивых супругов или завистливых работников?

Чтобы первый ребенок понимал, что свет не сошелся клином на нем одном, я бы порекомендовал родителям следующее: как только он научится ходить, брать его с собой туда, где играют другие дети его возраста, будь то игровая площадка, соседский двор или ясли. Он еще не сможет играть вместе с другими — этому он научится приблизительно в возрасте трех лет. Но он получит опыт «параллельной игры» и увидит, что в этом мире, помимо него, есть много других детей, которые бесцеремонно хватают его игрушки и хотят унести их домой. В то же время, играя рядом с другими детьми, он может наблюдать за их действиями.

Я думаю, что родителю не нужно вмешиваться сразу же, как только он увидит, что его ребенок вступил в драку, если, конечно, в ней не участвует старший или более агрессивный ребенок. Когда же вам все-таки нужно вмешаться, то делайте это спокойно — просто разнимите дерущихся. Другими словами, нельзя вести себя так, будто другой ребенок — это злодей, от которого вы спасаете вашего беззащитного малыша. Пусть он постепенно учится тому, чтобы постоять за себя самому, конечно, если его соперник не явный лидер. Но если в каком-то месте чужие дети постоянно придираются к вашему ребенку, попробуйте найти для него новую площадку или другой садик.

Когда ссора произошла между вашими собственными детьми, я думаю вы поступите мудро, если не станете выяснять, кто ее начал. Никто не признается, что зачинщик ссоры именно он. Каждый найдет что-то, в чем можно обвинить другого. И тот и другой надеются, что родитель займет их сторону и накажет обидчика. Моя мать, например, ожидала, что ее дети будут хорошо вести себя за столом (того же когда-то требовала от нее и моя бабушка). Я хорошо помню, как во время обеда наблюдал за братьями и сестрами и, когда представлялась возможность, с удовольствием сообщал матери: «Бетти жует с открытым ртом». Мать тут же говорила: «Бетти, когда жуешь, закрывай рот», — и я записывал одно очко в свою пользу, чувствуя, что поступил совершенно правильно. Каким же я был снобом и консерватором!

Раньше я считал, что соперничество и ссоры между братьями и сестрами неизбежны, и советовал родителям смириться и считать это платой за то удовольствие, которое они получают от воспитания детей. Но сейчас у меня другое мнение.

Наша страна и весь мир наполнены насилием и жестокостью, и ситуация только ухудшается. Мы сами уничтожим себя, если не научимся бороться с насилием и не станем более чуткими, добрыми и любящими. Я полагаю, мы можем начать это дома, с процесса общения с детьми и родственниками.

Личности детей формируются на основе личностей родителей и других взрослых. Родители должны помнить, что их дети наблюдают за ними ровно столько, сколько времени они проводят вместе. Поэтому необходимо, чтобы родители старались показывать пример уважения друг к другу и к детям. То есть в воспитании детей необходимо применять не больше наказаний, а проявлять больше уважения.

Когда один из детей начнет ссориться с другим или просто будет его поддразнивать, я считаю, родители должны отложить на минуту свои дела, подойти к ребенку и, посмотрев ему в глаза, спокойно и доброжелательно сказать: «Когда ты поступаешь так со своей сестрой, это очень огорчает ее и меня. Я хочу, чтобы в следующий раз ты об этом серьезно подумал». В долгосрочной перспективе такой подход окажется намного эффективней, нежели крики или шлепанье ребенка, которые несут в себе совсем другое послание.

Как помочь ребенку, который не пользуется популярностью

Разговор об этом я хотел бы начать с обсуждения вопроса: как можно избежать того, чтобы ваши дети выросли необщительными?

Сначала мы должны признать, что с самого рождения каждый ребенок не похож на другого. Один будет очень общительным, энергичным, не особенно восприимчивым к физической и душевной боли, способным добиться успеха практически в любой ситуации.

Его противоположность — осмотрительный, спокойный, чувствительный ребенок, легкоранимый, а потому он может запросто замкнуться в своей скорлупе. Как родитель вы способны немного трансформировать личность ребенка, но не в состоянии изменить ее целиком.

Что касается детей, рожденных первыми, то они часто бывают менее общительны, чем их сверстники, хотя с возрастом могут это наверстать (из-за моей симпатии к ним вы, наверное, заключите, что я тоже был старшим ребенком, и будете правы). Еще в младенчестве таким детям легко прийти к выводу, что они маленькие взрослые: они созидают свою личность исключительно по образу и подобию родителей, потому что в семье нет других детей. Поэтому обычно они более серьезные, зрелые, усердные, замкнутые и не такие игривые и беззаботные, как их братья и сестры, так что общение со сверстниками им дается нелегко.

Когда первый ребенок (допустим, это девочка) начинает активно контактировать с другими детьми (а это происходит уже в возрасте двух лет, к шести годам количество контактов заметно увеличивается), она чувствует себя довольно неуверенной. Сверстники неприятно удивляют ее своей крикливостью, грубостью и стремлением отбирать у нее то, что принадлежит ей. Это пугает девочку, заставляя ее замкнуться в себе. Прежде она проводила все время с родителями и с друзьями, которые хвалили ее, подстраивались под нее и не предъявляли никаких требований. Неудивительно, что девочка, привыкнув к вежливому и заботливому обращению, будет, по меньшей мере, относиться к другим детям с некоторым подозрением, постоянно на них обижаясь. Такое отношение будет отражаться на ее лице и в манере поведения, поэтому немногие дети захотят иметь с ней дело. Получается своего рода замкнутый круг.

Прежде чем перейти к разговору о том, как помочь ребенку, который не пользуется авторитетом у сверстников, давайте решим, нужно ли вообще это делать. У меня складывается впечатление, что американцы в целом придают навыкам общения гораздо большее значение, чем жители других стран, в которых мне довелось побывать. Мы склонны думать, что каждый должен стараться изо всех сил понравиться окружающим. Мы косо смотрим на одиноких и эксцентричных людей, тогда как в Англии и во Франции, например, они пользуются большим уважением, а необщительный целеустремленный ребенок или взрослый заслуживает высокой оценки.

Некоторые из всемирно известных писателей, композиторов, артистов и ученых были робкими, малообщительными людьми. Создается впечатление, что именно социальная изоляция, неспособность окунуться в шумный круговорот детства направили значительную часть их энергии и творческого мышления в русло какого-то интереса или хобби, которые позже стали любимой профессией. В кругу родственников и друзей они нередко проявляют себя как любящие и отзывчивые люди. Все это не означает, что родители должны выбирать между популярностью и истинными достижениями, — возможен разумный баланс того и другого.

Я думаю, есть два способа помочь первому ребенку меньше страдать из-за своей необщительности. Прежде всего родителям нужно избегать того, чтобы делать из него кумира. Это не так-то просто, потому что родители обычно без ума от своего первенца — они невероятно гордятся любым, даже самым незначительным его успехом, готовы целый день играть с ним, радостно приветствовать его всякий раз, когда видят его. Такое поведение совершенно нормально и, безусловно, полезно, но только если не перебарщивать. Однако первый ребенок часто получает в пять раз больше внимания, чем второй, — иными словами, в пять раз больше, чем нужно.

Так что он будет расти, ожидая внимания и восхищения со стороны окружающих и обижаясь, когда ему в этом отказывают. Сталкиваясь с грубостью и отсутствием такта у других детей, он испытывает к ним неприязнь; вполне возможно, что рождение брата или сестры сильно его огорчит. Второму или третьему ребенку проще смириться с тем, что большую часть времени его оставляют наедине с самим собой или своими игрушками. Но если он общителен, то, скорее всего, возьмет на себя инициативу и сам подойдет к родителям или другому ребенку, полагаясь затем на свой шарм. Он осваивает многочисленные способы, которые помогут ему наладить общение, активно над ними работая и получая поощрения. Но я не хочу, чтобы вы подумали, будто следует игнорировать первенца. Нужно просто предоставлять ему больше возможностей проявлять инициативу.

Еще один очень эффективный способ сделать детей более общительными. Как только они научатся ходить, позволить им почаще бывать там, где играют их сверстники: на игровых площадках, в парках или дворах. К возрасту трех лет детей можно отдать в детский сад (я не утверждаю, что все дети должны ходить в сад, просто это хороший способ помочь им усвоить навыки общения). В таких местах дети привыкают к несколько грубоватой и бесцеремонной манере игры их сверстников и учатся получать удовольствие от такой игры, прежде чем станут достаточно взрослыми для того, чтобы быть чересчур робкими и ранимыми. Когда я советую родителям брать своих детей туда, где собираются их одногодки, некоторые матери говорят: «Но в окрестностях больше ни у кого нет маленьких детей». Это очень плохо, но все же такую причину нельзя считать убедительной. Просто не следует ограничиваться лишь соседними кварталами и поискать что-нибудь подходящее подальше.

Опять-таки хочу подчеркнуть, что до трех лет дети не захотят вступать в игры других. Поэтому родители не должны их принуждать. Это только усиливает собственнические настроения двухлетнего ребенка: он чувствует, что все вокруг, включая родителей, пытаются отнять у него то, что принадлежит ему по праву.

В хороших детских садах на одного воспитателя приходится не более пяти детей, и главной заботой первых является помощь каждому ребенку в преодолении маленьких кризисов, а не просто поддержание дисциплины. Здесь дети учатся контактировать друг с другом. Ребенок постоянно находится в коллективе, в котором все время идет увлекательная совместная игра, и дети испытывают друг к другу симпатию и хотят принимать участие в играх других. Воспитатель должен следить за тем, чтобы дети не ссорились, равно как и помогать им ценить друг друга и делиться игрушками, когда они играют вместе. Родитель или воспитатель, обращаясь к ребенку, может сказать: «Сначала ты покатай Шарлотту в коляске, а потом она покатает тебя. Это очень весело!» Для трехлетнего ребенка — волнующее открытие!

Вплотную приблизившись к школьному возрасту, дети становятся более чувствительными к критике со стороны сверстников, острее переживают свою непопулярность. В этом возрастном периоде родители также способны помочь ребенку стать более популярным. Они могут пригласить других детей съездить вместе с ними на пикник, сходить в музей, в зоопарк, на пляж или в кино, посетить театр, цирк, спортивные соревнования, съездить на рыбалку или на экскурсию в другой город. Каждый раз лучше приглашать не более одного ребенка, потому что два — это уже компания, а три — толпа, которая обычно разбивается по принципу «2+1».

Дети любят, когда их приглашают на семейные обеды в ресторан или домой.

Предлагая такие развлечения, вы в определенном смысле «покупаете» популярность своему ребенку, и, очевидно, она не будет длиться долго. Но вы действуете, предполагая, что у вашего ребенка есть что предложить другим детям, — у него просто не было шанса это продемонстрировать из-за своей робости и чувства тревоги или из-за группового характера взаимоотношений среди его сверстников, которые мешали ему проявить свои лучшие качества. Для детей восьми — тринадцати лет характерно объединение в «кланы» или «тусовки», которые относятся враждебно и к новичкам, и к посторонним.

Также родители могут мягко и доброжелательно указать их эгоистичному сыну на то, что другие дети будут охотней с ним играть, если он станет более щедрым, — и что ему от этого тоже станет лучше. Это воздействует на него лучше, чем если бы вы его ругали. Родители могут побуждать робкого ребенка к тому, чтобы он просил у других детей позволение на то, что он хочет от них получить.

С подростками дело обстоит сложнее: они еще более склонны к застенчивости, а страх критики со стороны членов группы приводит к тому, что они просят родителей не вмешиваться в его отношения с окружающими. С другой стороны, большинство из них горят желанием найти себе друзей в первую очередь среди лиц одного с ними пола, так что им удается отыскать одну или две родственные души, с которыми они могли бы разделять общие интересы. Таким образом, отсутствие популярности среди одноклассников перестанет их сильно беспокоить.

Некоторых детей не любят больше, чем других. Это могут быть очень агрессивные дети или те, которые ни с кем не общаются и не имеют друзей, или это будет мальчик, сторонящийся других мальчиков и желающий играть только с девочками, либо ребенок, которого постоянно преследуют, или, наконец, малыш, испытывающий сильные переживания из-за своей непопулярности.

Таких детей нужно показать специалисту. Начать можно с вашего педиатра, семейного врача, медсестры.

Большинство родителей, безусловно, хотели бы иметь ребенка, который пользовался бы авторитетом среди сверстников, имел сильный характер и как минимум полдюжины близких друзей. Но ни один ребенок не может обладать сразу всеми достоинствами. Я как родитель предпочел, чтобы у моего ребенка было сильное «эго», устойчивые интересы в сочетании с желанием и возможностью найти хотя бы одного настоящего друга.

Неплохо иметь много друзей и пользоваться большим авторитетом у сверстников, если ребенок или подросток способен этого добиться, но для счастья главное не это. На самом деле некоторые тинейджеры, пользующиеся огромной популярностью благодаря своей внешности, общительности или уверенности в себе, в дальнейшем не чувствуют себя очень счастливыми, потому что перечисленные качества не наполняют жизнь особым смыслом.

И большинство индивидов, которые в детстве отличались застенчивостью, со временем становятся более коммуникабельными.

Давление со стороны сверстников в подростковом возрасте

Давление со стороны сверстников в подростковом возрасте — тяжелый груз как для родителей, так и для детей. Особенно актуальна эта проблема в наше время, когда молодые люди ставят под сомнение значение многих основных ценностей: они требуют право на сексуальную свободу с все более раннего возраста, что приводит к увеличению числа подростковых беременностей, экспериментируют с наркотиками и алкоголем.

Влияние сверстников может быть очень сильным. Оно способно заставить девочек вставать рано утром и особенно тщательно укладывать волосы, а школьник, получающий отличные оценки, может начать стыдиться того, что хорошо учится. Нередки случаи, когда хорошо воспитанные юноши и девушки, которые всегда прислушивались к мнению родителей, поддавшись на уговоры со стороны друзей, начинают употреблять алкоголь и марихуану.

Я бы выделил два аспекта в давлении со стороны сверстников. Первый, который можно назвать активным, — это когда другой ребенок оказывает давление на вашего, обещая ему, что тот получит удовольствие, или называя его трусом. Дети так поступают с другими потому, что считают свое поведение более правомерным, если им удастся привлечь к совершению запретных поступков кого-то еще, особенно ровесников, воспитанных в соответствии со строгими моральными нормами.

Пассивная, наиболее сильная сторона давления со стороны сверстников — потребность вашего ребенка соответствовать тому, чего от него ожидают другие.

Прежде чем предположить, что влияние сверстников — настоящая катастрофа для родителей и цивилизации, давайте посмотрим на него объективно. Это явление встречается повсеместно и имеет огромную силу, а если так, то у него должна быть какая-то важная цель. Я думаю, главное в этом — непокорность родителям, которая открывает ребенку путь к тому, чтобы однажды оставить дом, найти работу, сочетаться браком и создать свою семью. В противном случае было бы практичней сохранять детскую зависимость на протяжении всей жизни. Но мы испытываем потребность кому-то принадлежать, и поэтому, отказываясь от одного вида зависимости — в подростковом возрасте, — мы меняем его на другой.

Все это немного забавно и напоминает ситуацию, когда американцы, отправляясь на лето путешествовать в другие страны, начинают тосковать по своей еде, обычаям, языку и искренне радуются, когда встречают других американцев, даже если между ними нет ничего общего, кроме принадлежности к одной нации. Это можно наблюдать и на куда более драматичных примерах суицида среди подростков, которые не сумели стать членами какой-либо группы и не приобрели убеждений, необходимых им для того, чтобы чувствовать себя уверенно. Многие подростки обращаются к религии, некоторые даже становятся фанатиками. Итак, стремление принадлежать к группе сверстников — это не изобретение дьявола, а своего рода мера по охране душевного здоровья, не позволяющая подросткам чувствовать себя потерянными. Позже, когда молодые люди устроятся на работу и обзаведутся семьей, они, скорее всего, сбросят оковы рабской зависимости от мнения сверстников, потому что почувствуют себя полноправными членами общества.

Заглянув в недалекое прошлое, мы увидим, что подростковые пристрастия, которые очень беспокоили родителей несколько десятилетий назад, не разрушили общество и не превратили молодых людей в преступников. На самом деле сегодня эти пристрастия кажутся нам безобидными: мода хиппи, совершившая настоящий переворот во внешнем виде американцев в 1960-е годы, появление мини-юбок в 1970-х, восстание молодых девушек против корсетов и строгих манер на танцевальных площадках в 1920-х. В то время даже курение среди женщин было для многих шокирующим явлением.

Вслед за историческим периодом с более низкими нравственными стандартами всегда следует период ужесточения и формализации дисциплины, в чем свою роль играет и давление со стороны сверстников.

В настоящее время во многих частях нашей страны все более популярной становится нарядная и вместе с тем довольно официальная форма одежды. Вскоре на нее перейдут все подростки. Голливудские кинематографисты сообщают, что сегодня тинейджеры уже не отдают предпочтение кинопродукции с подробным показом сексуальных сцен; находясь в компании друзей или любимых, они предпочитают смотреть фильмы с сентиментальными и завуалированными сценами любви. Я бы сказал, что, насладившись правом смотреть все, что им хочется, они теперь демонстрируют, что и у них есть вкус и нежные чувства. Также есть информация, что курение марихуаны уже не так популярно.

Как родители могут сохранять свое влияние на детей в их мятежные годы и защищать от негативных последствий давления со стороны сверстников?

Во-первых, им необходимо понять, что в случае с подростками самым эффективным средством являются не угрозы, правила или предостережения. Если что-то может их удерживать от нехороших поступков, так это их восхищение родителями, желание стать похожими на них, которое появляется еще в раннем детстве, в частности в период между тремя и шестью годами. С шести или семи лет они перестают думать о том, что их идеалы исходят от родителей, и начинают считать их своими собственными.

Достучаться до сознания подростков могут только те родители, которые правильно к ним относятся и знают, как вести с ними беседу. Приобрести такое отношение и такие знания довольно сложно. Родителям намного проще относиться к детям-подросткам враждебно или разговаривать с ними снисходительным тоном с высоты своего превосходства и опыта, постоянно их перебивая. Молодые люди больше всего хотят, чтобы с ними обращались, как со взрослыми. Конечно, это возможно не всегда, так как у них еще мало опыта и родители несут за них ответственность, но чем чаще вы будете это делать, тем лучше. Когда подростки хотят поговорить, не отгораживайтесь от них. Вместо того чтобы перебивать, лучше задавайте уточняющие вопросы. Выслушивайте их вдумчиво, выражайте свое понимание («Я понимаю, что ты имеешь в виду» и «Я тоже часто об этом думал»), будьте честными, старайтесь расслабиться и не забывайте о чувстве юмора.

Подростки горят желанием узнать о жизни как можно больше и с удовольствием слушают не только своих сверстников, но и взрослых. На самом деле они заслуженно хотят знать, что их родители думают о свиданиях, влюбленности, сексе, браке, наркотиках, алкоголе, курении, образовании, различных профессиях, политике, о событиях, происходящих в мире, и т. д. Но подростки порой опасаются задавать родителям вопросы, так как боятся, что те начнут читать им мораль и навязывать свое мнение. Они не желают выслушивать проповедей и не понимают, как родитель может считать себя правым только на основании того, что он старше. Нет ничего плохого в том, что мать или отец активно и аргументированно отстаивают свое мнение, если только не считают его истинным потому, что «им видней». Даже если тинейджер продолжает оспаривать слова родителя, это не означает, что они не произвели на него впечатления. Возможно, он понял, что родитель прав, но ему сложно с этим смириться, потому что он и так уже больше десяти лет чувствовал себя постоянно неправым.

Не важно, насколько сильно вы не одобряете то или иное решение ваших детей, главное показать им, что вы верите в их добрые намерения и здравый смысл. Ибо если подростки будут чувствовать, что вы утратили в них веру, то они продумают: «Какой смысл в том, чтобы стараться поступать хорошо, если родители в нас не верят?»

Имеет ли право родитель хоть изредка проявлять непреклонность и налагать запрет на те или иные действия сына или дочери? Безусловно, имеет, и не просто право, а обязанность, особенно если подросток чересчур увлекается экспериментированием и тяготеет к безрассудным поступкам. Например, родитель может окончить беседу такими словами: «Я не хочу портить тебе удовольствие и не испытываю восторга от того, что мне приходится отвечать за твою безопасность и репутацию. Но если ты попадешь в неприятную ситуацию из-за того, что я позволил тебе совершить опрометчивый поступок, то в происшедшем я буду винить себя. Родители всех твоих друзей тоже будут считать меня виноватым».

Но если вы всегда были ответственным родителем, уважающим мнение своих детей, то можете рассчитывать, что в большинстве случаев дети будут соглашаться с правотой ваших высказываний. Постарайтесь свести количество бесед с позиций старшего до минимума.

Иногда подростки будут строить такие сумасбродные планы, как, например, поход субботним вечером с приятелями в какой-нибудь бар, который славится дурной репутацией. Возможно, это лишь мечты, и они не уверены, хотят ли туда идти, но им приятно думать, что они такие отважные. Когда родитель, выслушав сына, скажет: «Извини, это не рассматривается», приятели могут почувствовать облегчение, так как им не пришлось самостоятельно принимать решение об отказе посетить тот бар.

Конечно, родитель имеет право устанавливать для детей те или иные правила поведения; но предпочтительнее делать это тогда, когда они только вступили в подростковый возраст. В частности, нужно запретить им садиться в машину к водителю, находящемуся в состоянии алкогольного опьянения. Также перед тем, как идти на встречу с друзьями, подросток должен сказать родителям, куда он идет, с кем и во сколько планирует вернуться; если он задерживается, то необходимо позвонить родителям и поставить их в известность. Родители, в свою очередь, поступят мудро, если сами будут следовать этим правилам, отправляясь в гости к друзьям или родственникам. Если никого из взрослых нет дома, то дети не должны устраивать вечеринок. Также я бы не разрешал своим детям оставаться ночевать в отелях.

Если ваш сын или дочь категорически протестуют против того или иного правила, вы можете показать им свое желание действовать, исходя из здравого смысла, и пообещать обдумать это правило еще раз, возможно, предварительно посоветовавшись с родителями некоторых из их друзей. Не следует верить заявлениям вроде: «Я знаю, что всем разрешают этим заниматься». Они не хотят непременно вам солгать, но в споре с вами склонны преувеличивать.

Небольшое замечание: не пытайтесь в разговоре с сыном или дочерью пользоваться подростковым сленгом, свойственным и тинейджерам оборотами речи, чтобы показаться им «своим». Вы можете неправильно употребить то или иное слово; и ваши усилия казаться молодым, скорее всего, заставят подростка испытывать неловкость, особенно если разговор происходит в присутствии его друзей.

Но нет ничего плохого в том, чтобы рассказывать о своей юности. Вы можете вспоминать, что смущало вас в поведении ваших родителей или какие невыполнимые требования вы к ним предъявляли, о необычных происшествиях и о давлении, которое вы сами испытывали со стороны сверстников. Из этих рассказов ваш ребенок узнает, что вы тоже когда-то были такими же, как они, и помните об этом. Но не прибегайте к повествованиям о юности для доказательства своей правоты — так вы только все испортите и не сумеете убедить подростка, что вы его действительно понимаете.

Помните, что в сознании тинейджеров всегда борются две силы: они стремятся быть независимыми, но в глубине души испытывают страх перед тем, что, расставшись с родителями, останутся совершенно одни и некому будет о них позаботиться. Однажды ко мне в офис пришла пятнадцатилетняя девушка и начала с горечью рассказывать о том, что родители держат ее в ежовых рукавицах и всячески ограничивают ее свободу. Но вскоре после нескольких визитов она уже главным образом жаловалась на то, что мать не обращает на нее внимания: например, уходя на работу, не делает ей сэндвич и не наливает стакан молока, так что ей приходится самой заботиться о том, чтобы после возвращения из школы приготовить себе еду. Нетрудно заметить, что в этих жалобах вся вина возлагается на родителей.

В том, что касается наркотиков, алкоголя и сигарет, я бы не советовал слишком жестко требовать у детей обещания или устанавливать очень строгие правила, потому что, скорее всего, они будут нарушены. Почти все подростки, как мы помним из своего детства, жаждут попробовать эти предполагаемые удовольствия. Когда этот предмет из-за сплетен или вопросов начинает вызывать у ребенка повышенный интерес, я бы сказал следующее: «Все подростки хотят это попробовать, по крайней мере, разок-другой. Я тоже не был исключением. Но миллионы курящих умирают от рака легких и от сердечных приступов. Алкоголизм вызывает хронические болезни печени; к тому же из-за него совершается очень много преступлений, многие люди теряют работу, распадаются семьи. Почти все наркотики вызывают физическую и психологическую зависимость. Вместо того чтобы готовиться к поступлению в колледж, определяться со своим призванием и становиться зрелой личностью, наркоман нравственно и интеллектуально деградирует, отказываясь от всего, что дает ему жизнь. Лучше повременить с экспериментированием до тех пор, пока все не определится, по крайней мере, до восемнадцати лет, когда ты будешь более-менее представлять, кто ты есть и зачем пришла в этот мир». Я бы не говорил ничего, что не доказано наукой, потому что подростки сегодня прекрасно осведомлены, и они теряют веру в людей, которые преувеличивают или искажают факты. Хочу также заметить, что у вас намного больше шансов выглядеть убедительными в глазах сына или дочери, если вы сами не будите пить, курить или употреблять наркотики, включая транквилизаторы, успокоительные и стимуляторы.

Думаю, многих должен успокоить тот факт, что дети, употребляющие алкоголь или наркотики, по большей части принадлежат к неблагополучным семьям, и, очевидно, из-за плохого воспитания у них не хватает здравого смысла.

Призывы к действиям сексуального характера обычно исходят от сверстников, испытывающих вину за свои действия и желающих склонить к ним кого-то еще, чтобы самим почувствовать облегчение. Иногда на ребенка могут оказывать давление представители противоположного пола, особенно мальчики. Но на ранних стадиях юности у мальчиков и девочек может быть очень сильный импульс к экспериментированию до тех пор, пока они не убедятся, что способны нравиться окружающим. На этой стадии отношениям будет недоставать нежности, гармоничности, великодушия или любви.

То, какую тактику изберут родители в общении с детьми в вопросах секса, любви или брака, будет во многом определяться их собственными представлениями и идеалами. Некоторые, возможно, будут поощрять ранние свидания, давать рекомендации, задавать вопросы и устраивать вечеринки с романтическими играми.

Их противоположностью являются родители, которые не желают, чтобы их дети торопились, а потому сохраняют ряд запретов до тех пор, пока молодые люди не узнают лучше самих себя и из личного опыта не поймут, какие именно качества они хотят видеть в любимом человеке. Им хочется, чтобы дети придерживались идеалистического, духовного представления о браке и не ставили секс на первое место. Они стремятся сделать так, чтобы их дети оставались под контролем старших во время походов в кино, на концерты, танцевальные вечера, на экскурсиях или на пикниках; они считают, это лучше, чем если подростки, разбившись по парам, будут вести себя так, как им заблагорассудится. Такие родители, очевидно, понимают, что их любовь и уважение друг к другу произведет на детей куда более сильное впечатление, чем что-то еще. Когда за семейным столом зайдет разговор о браке и половых отношениях, они будут избегать недвусмысленных шуток. Такие мамы и папы будут неназойливо напоминать своим детям, что влюбленность — очень волнующее, но обычно непродолжительное чувство; что хороший брак способен приносить огромное удовлетворение; что подходящего, надежного спутника жизни не так-то легко найти, и к тому же хорошие отношения в браке нужно постоянно поддерживать и культивировать подобно тому, как культивируют редкое и нежное растение.

Сравнения и разочарования

Некоторые дети чувствуют себя несчастными оттого, что, как им кажется, они не являются столь популярными, красивыми или способными, как их друзья, братья или сестры.

Во время работы консультантом в приюте для детей с ограниченными возможностями (это было во время летних каникул в 1920-е годы) в силу своей наивности я считал, что взрослые и дети реально оценивают свои сильные и слабые стороны. Мне казалось, что наличие небольшого недостатка или изъяна сделает их немного грустными и очень грустными, если они обнаружат у себя серьезный дефект. Наконец, те, кто щедро наделен красотой, популярностью или физической силой, должны буквально прыгать от счастья.

Вы можете представить себе, каково было мое удивление, когда я увидел, что хотя у всех детей в приюте были серьезные физические недостатки, но только некоторые из них постоянно были угрюмыми, другие всегда пребывали в обычном настроении, а третьи отличались таким задором и оптимизмом, как и совершенно здоровые дети.

Придя в себя от такого удивительного открытия, я осознал, что среди людей, не имеющих заметных физических дефектов, можно наблюдать точно такой же перепад в настроении, как и среди людей с ограниченными возможностями: от хронического недовольства до бесконечного оптимизма.

К тому времени, как я стал практикующим педиатром, я сделал еще ряд открытий. Помню, как консультировал привлекательную девочку-подростка, которая считала себя некрасивой и была уверена, что мальчики и девочки начнут ее избегать из-за того, что у нее на носу появились веснушки. Каждый раз, проходя мимо зеркала, она рассматривала их со слезами на глазах.

Я также понял, что один из важных факторов, возможно, даже самый важный, тот, когда дети постоянно думают о своем недостатке, это отношение родителей к своему ребенку. Я помню мать, которая обнаружила, что у ее дочери тяжелое врожденное нарушение слуха (а это означало, что даже пройдя самое лучшее обучение, она будет иметь заметный дефект речи). Эта новость повергла мать в депрессию; она оттолкнула от себя ребенка, что, безусловно, сказалось на его эмоциональном здоровье. Из-за глубокого разочарования и чувства безысходности родители часто отказываются от того, что может дать их детям специальное обучение и умение пользоваться техническими приспособлениями.

Я был свидетелем и совершенно противоположной ситуации, касавшейся девочки, которая также ничего не слышала. Я впервые увидел ее, когда девочке было шестнадцать лет. Хотя окружающие с трудом могли понять ее речь, она оставалась оптимисткой, чувствовала себя счастливой, была привлекательной и очень популярной девушкой. Ее родители при помощи хороших консультантов сумели преодолеть первоначальный шок и смятение, справиться с чувством вины, которое типично для таких ситуаций, принять и полюбить девочку такой, какой она появилась на свет. Они следовали советам профессионалов и прилагали много усилий для того, чтобы их дочь получала необходимую техническую помощь, прошла специальное обучение и максимально реализовала свои возможности.

В раннем детстве, в ключевой период для развития личности, мы оцениваем себя не путем сравнения со сверстниками (это произойдет позже), а на основании того, что думают о нас родители. Дети, чьи родители считают их хорошими или плохими, умными или глупыми, красивыми или невзрачными, талантливыми или бездарными, скорее всего, согласятся с этими оценками, независимо от того, выражают их в открытой или завуалированной форме.

Дети легко теряют уверенность в себе, если родители постоянно их ругают, даже не пытаясь сдерживать свой гнев, или просто бо́льшую часть совместно проведенного времени демонстрируют недоброжелательность. В результате дети, особенно если это малыши, будут испытывать хронический страх, возможно, на уровне подсознания, что родители перестанут их любить. Люди всех возрастов нуждаются и стремятся к тому, чтобы их любили. Но те дети, которые понимают свою полную зависимость от родительской заботы, страшатся лишиться любви намного больше, чем взрослые. Тем не менее родители, в чьем отношении к детям преобладает неодобрение, очень часто, чтобы заставить их быть послушными, угрожают им тем, что лишат их своей любви. Трудно даже представить, как негативно такие угрозы отражаются на малышах.

Как еще родители могут способствовать тому, что их чада подвергнутся опасности стать замкнутыми и неуверенными в себе? Для этого достаточно сказать детям, что если они будут вести себя плохо или демонстрировать определенные черты характера, то это никому не понравится. Моя мать частенько прибегала к этому способу, что и развило в нас излишнюю мнительность и озабоченность тем, какое впечатление мы произведем на окружающих.

Еще один фактор, вызывающий робость и неуверенность, это сравнение одного ребенка с другим. Почти все родители, даже те, кто не верит, что это лишает ребенка уверенности в себе и только развивает в нем робость и сомнения, время от времени используют такой метод.

Дело в том, что большинство нынешних родителей в детстве также с кем-то сравнивали, и им трудно избавиться от этой привычки: «Почему ты не относишься к урокам так же добросовестно, как твоя сестра?», «Мать Гарри Дженкинса рассказала мне, что ее сын так хорошо учится потому, что тратит на выполнение домашнего задания два часа в день», «Роза Гиппонс красивая девочка, ей не придется беспокоиться о том, чтобы получить хорошую работу или найти хорошего мужа». Каждое такое сравнение может показаться незначительным, но, накапливаясь на протяжении всего детства, они вселяют в ребенка уверенность в том, что его всегда будут сравнивать с кем-то другим. Недаром наше общество отличается такой высокой конкурентностью.

Еще один фактор, который хотелось бы отметить, это врожденный темперамент. Исследования показывают, что каждый ребенок, появляясь на свет, имеет свой темперамент, который отличается устойчивостью и не допускает значительной коррекции. Активный, общительный и бесстрашный ребенок гораздо меньше склонен беспокоиться по поводу своих реальных и воображаемых недостатков, чем дети, которые с младенчества отличаются чувствительностью и осторожностью.

Ребенок, жалуясь родителям на то, что он не такой красивый или успешный, как другие, иногда, сам того не осознавая, хочет услышать, что родители любят его таким, каков он есть. Однако вместо этого он, наверное, получит заверение в том, что он ничем не хуже других.

Как вы можете помочь сомневающемуся в себе ребенку? Я считаю, что профилактика здесь намного важнее лечения.

Во-первых, я бы порекомендовал вам меньше сюсюкать со своим первенцем, ходить постоянно за ним по пятам и следить, чтобы он чего-нибудь не натворил. В общем, обращайтесь с ним так же, как и со вторым ребенком. Позволяйте ему некоторое время проводить в одиночестве и самому развлекать себя. Пусть он сам научится заботиться о своей безопасности, когда пытается залезть на стул или диван, и во всех других ситуациях, не несущих в себе угрозы для жизни. Как только ребенок научится ходить, берите его с собой на игровые площадки или туда, где собираются дети его возраста. И не спешите вмешиваться, когда он вступит в драку с кем-то из сверстников, конечно, если ребенок не подвергается постоянным нападкам и избиениям со стороны других детей.

Чем меньше детей живет с вами по соседству, тем острее необходимость в том, чтобы примерно в возрасте трех лет отдать ребенка в хороший детский садик, где он сможет приобрести навыки общения.

Общаясь с ребенком, прилагайте максимум усилий, чтобы избегать запретов, порицаний, бранить его. Всегда разговаривайте с ним приветливым и дружелюбным тоном: «Переходя дорогу, мы держимся за руки», «Чарли хочет на пять минут взять твой велосипед, потом он его отдаст», «Если тебе не нравится еда, то ты не обязан всю ее съесть. Просто оставь часть ее на тарелке», «Малыш любит тебя. Обращайся с ним нежнее».

Когда вы слышите, как ребенок сравнивает себя с другими и это сравнение не в его пользу, то старайтесь не спорить с ним. Лучше просто похвалите его за те качества, которых, как он думает, ему недостает, конечно же, если ваша похвала не будет казаться ему большим преувеличением. А затем перечислите его положительные качества. Заканчивая разговор, скажите ребенку, что вы любите его и уважаете как личность.

Если ваш сын или дочь будут продолжать жаловаться или стараться принизить себя, будьте терпеливы, выслушайте их и посочувствуйте: «Я понимаю, как неприятно тебе думать о том, что ты некрасива». Но не разделяйте их убеждений, избегайте нетерпеливости или напускной веселости, которую ребенок в своем подавленном настроении истолкует как отсутствие сопереживания и любви. Пусть ваша речь будет спокойной, уверенной и ласковой. Снова повторите, как сильно вы его любите.

Предположим, вы уже исчерпали свой запас позитивных слов, а ребенок продолжает упорствовать в самобичевании. В этом случае вы можете попытаться сменить тему и, например, предложить ему сходить в ресторан или в магазин за мороженым.

Если ваш ребенок всегда пребывал в хорошем расположении духа, а потом вдруг начал утверждать, что он хуже других, страдая из-за этого, то у него, возможно, развилась настоящая депрессия и присутствует, по крайней мере, незначительный риск суицида. В такой ситуации ваш ребенок нуждается в регулярном посещении психолога или психотерапевта.

Соседские дети

Когда мы воспитывали двух сыновей и несколько раз переезжали из одного дома в другой, то почти всякий раз на новом месте возникали проблемы с соседскими детьми. Когда я работал педиатром, родители, приходившие ко мне на прием, часто жаловались на те же проблемы.

Труднее всего иметь дело с местным хулиганом, который постоянно издевается над маленькими детьми. Задиры редко пристают к своим ровесникам. Иногда они причиняют своим жертвам, среди которых в основном робкие и чувствительные дети, физический вред, но чаще всего они их запугивают и дразнят.

Такой забияка еще издали примечает робких или пугливых детей и изводит их до тех пор, пока те не расплачутся. Одна мысль о подобных юных хулиганах будит во мне гнев, потому что в детстве я тоже иногда становился их жертвой.

Как в таких ситуациях следует поступать родителям? Мой опыт подсказывает, что жаловаться отцу или матери хулигана — наименее эффективный из всех способов. Они сами нередко оказываются достаточно агрессивными людьми — именно поэтому их сын и стал задирой — и могут обрушить на вас гнев, защищая его и приказывая вам не вмешиваться в чужие дела. Тогда можно ли в подобном случае отругать хулигана самостоятельно? Это иногда приносит пользу. Но так вы покажете своему ребенку, что он не способен сам о себе позаботиться и нуждается в вашей защите. Самый конструктивный метод, хотя он срабатывает не всегда, — это сказать вашему сыну или дочери, что хулиган любит дразнить лишь тех, кого легко расстроить. Все, что требуется от ребенка, — просто не обращать внимания на его слова и продолжать заниматься своим делом. Теоретически это приемлемо, но на практике не каждый маленький ребенок, особенно если ему свойственна робость, сумеет воспользоваться таким советом.

Самый безобидный первый шаг, который может сделать родитель, — это приветливо поговорить с драчуном. Попытайтесь ему объяснить, что когда он дразнит маленьких детей или угрожает им «расправой», они пугаются, ибо уверены, что он собирается причинить им серьезный вред, и не понимают, что это всего лишь «игра». Итак, вы обращаетесь к нему как взрослый к взрослому за сотрудничеством и пониманием. Возможно, после этого разговора родителю стоит какое-то время напоминать о своем присутствии. Я не имею в виду, что нужно выслеживать хулигана, следить за тем, как бы он снова не обидел вашего ребенка. Нет, будьте дружелюбны по отношению к нему, возможно, вам даже следует присоединиться к игре, которую он придумал. Так вы подтвердите свою благожелательность, а вместе с ней и то, что вы всегда где-то рядом.

Вслед за тем, как это ни покажется вам странным, попытайтесь подружиться с драчуном — пригласите его к себе на обед или на экскурсию, угощайте чем-нибудь вкусненьким. Разговаривайте с ним, интересуйтесь его жизнью. Кто знает, не исключено, что это поможет проявиться его положительным качествам, если они у него, конечно, есть. Но у вас ничего не получится, если вы будет считать его «мерзким мальчишкой». И помните, что, скорее всего, дома он регулярно в той или иной форме подвергается физическому или психологическому насилию. Так что вы можете испытывать к нему такое же сострадание, какое испытывал бы педиатр или детский психиатр. Даже если вы не сумеете пробудить в нем положительные качества, это все равно не факт, что юный хулиган будет так же свободно терроризировать вашего ребенка, как раньше.

Но можно ли что-то сделать для того, чтобы ваш ребенок не вырос очень уж робким и беззащитным и, следовательно, не смог стать жертвой местного хулигана? Я думаю, да. Некоторые дети уже при рождении наделены чувствительным темпераментом. Другие становятся такими, потому что каждый из них был единственным ребенком в семье и всегда находился в центре внимания родителей, которые души в нем не чаяли. Они выполняли все просьбы своего малыша, всегда вели себя с ним приветливо и тактично. Если до четырех или пяти лет у него не было опыта общения с другими детьми, то наверняка они покажутся ему грубыми, шумными, невнимательными, думающими только о том, чтобы забрать его игрушки. Такое открытие доставит ребенку мало приятных эмоций. Многие из этих детей действительно могут оказаться более толстокожими, чем он, далеко не такими робкими, и их чувства ранить намного труднее. Если на кого-то из них нападет другой ребенок, даже более крупный, они не растеряются и окажут ему достойное сопротивление, совершенно не заботясь о последствиях.

Итак, я считаю, что все дети должны получить опыт общения со сверстниками, будь то опыт в игре или участие в драках. Как только ваш ребенок научится ходить, давайте ему возможность проводить больше времени с другими детьми.

Теперь представим ситуацию с обратной стороны: к вам приходит сосед с жалобой на то, что ваш сын обижает его ребенка. Считаю, ваше единственно правильное поведение — выразить искреннее сожаление и пообещать уладить этот вопрос с вашим сыном. Если сосед представляет себе ситуацию не совсем правильно, то ваш ответ не причинит никому вреда. Но если ваш сын дразнит или обижает соседского ребенка, не стоит сразу же прибегать к нравоучениям и упрекам. Постарайтесь объяснить сыну, как такое отношение ранит детские чувства, и попросите его отныне быть вежливым с соседским мальчиком, чтобы загладить свою вину. Если вы заметили, что в последнее время ваш ребенок ведет себя более агрессивно, чем обычно, то это может быть связано с тем, что он чем-то расстроен. Поговорите со школьным учителем и, если нужно, покажите ребенка педиатру или семейному врачу.

Другая проблема касается ситуации, когда вы, как радушный и гостеприимный человек, постоянно приглашаете к себе соседских детей, так что и днем и ночью у вас дома полно ребятни. Наблюдая за ними, вы предполагаете, что с некоторыми из них не очень хорошо обращаются родители, и поэтому они приходят туда, где им рады и где никто их не обижает.

Вы сами решаете, сколько времени можете уделить чужим детям. Но следует помнить, что многие дети, особенно отличающиеся повышенной агрессивностью, не чувствительны к таким вежливым намекам, как: «Твои родители могут волноваться», «Тебя уже, наверное, ждут к ужину». Если они говорят, что это не так, то вам придется сказать дружелюбным и уверенным тоном: «Теперь все по домам!» Возможно, вам придется напомнить: «Завтра не приходите раньше десяти», «Придете, когда я вас позову». А затем, когда на следующее утро вам позвонят в дверь, и вы увидите, что еще только 7:45, не стесняйтесь объяснить: «Извини, мы еще не готовы принимать гостей. Приходите после десяти». Не бойтесь обидеть незваных гостей — лучше постарайтесь сами на них не обидеться.

На вас лежит и обязанность контролировать то, что происходит на вашем заднем дворе. Я думаю, родители, желающие знать, чем занимаются их дети, только обрадуются, если те будут играть с другими ребятами под окнами их дома. Моя мать, по крайней мере, была этому рада. Она соорудила на заднем дворе песочницу, установила там качели, простенькую карусель и «мостик» (широкую, длинную, прочную доску между двумя опорами). Мать хотела наблюдать за нами и контролировать наше поведение, так что превратила задний двор в настоящую детскую игровую площадку, где собирались мальчики и девочки со всей округи.

Иногда к вам во двор могут приходить агрессивные или сквернословящие дети, либо обычные дети, но невнимательные, и они будут топтать ваши клумбы или ломать игрушки. Сначала попытайтесь вежливо им объяснить, что их поведение расстраивает младших или более робких детей, или что вы потратили много времени на уход за вашими клумбами. Оставайтесь во дворе еще некоторое время, может быть, даже примите участие в игре. Обычно этого бывает достаточно, чтобы нежеланные гости поняли, что больше им у вас делать нечего, и покинули ваш двор.

Я бы избегал проявлять беспокойство или злость. Хулиганы любят наблюдать за тем, как взрослые нервничают, сердятся. А обычным детям нравится посплетничать о том, что по соседству с ними живут весьма злые люди, наверное ведьмы или людоеды. Дети любят причинять таким «злодеям» вред, а к их чадам они относятся как к своим врагам. Если ваш двор оккупируют грубые, агрессивные подростки, то уж лучше вызвать полицию, чем пытаться призвать их к порядку.

Что вам делать, если вас обокрали или повредили ваше имущество, и вы подозреваете, что это дело рук местных подростков? Если бы у меня были веские доказательства их вины, то я пошел бы к родителям этих мальчуганов и поставил их в известность о происшествии. Но если я уверен, что они станут отрицать вину своих детей, или если я не буду располагать убедительными доказательствами, то тогда я воздержусь от каких-либо действий или сообщу о краже в полицию. Во многих подобных случаях, если нанесен лишь незначительный ущерб, полицейские при обнаружении доказательств ограничатся устным внушением. Но для детей часто бывает достаточно и этого, чтобы отказаться от дальнейших попыток шутить с законом.

По-настоящему серьезная проблема с соседскими тинейджерами может возникнуть тогда, когда ваша дочь решит устроить вечеринку, причем не для двух-трех друзей, а для двадцати–тридцати человек. Она попросит вас уйти, так как считает, что ваше присутствие испортит вечеринку и смутит ее настолько, что она, мол, предпочла бы ее не организовывать. Что обычно происходит в таких случаях? Помимо запланированных гостей к вам приходят еще и те, кто не получил приглашения. Некоторые из них могут быть не совсем трезвыми, чересчур возбужденными, а кое-кто будет находиться под воздействием наркотиков.

По моему мнению, с которым, возможно, не согласятся многие родители и почти все без исключения подростки, родители должны находиться в доме и, может быть, даже у всех на виду, если их детям меньше восемнадцати лет. Когда ситуация начнет выходить из-под контроля, они обязаны появиться среди гостей, несмотря на недовольство сына или дочери. Но, выйдя к гостям, не надо читать им нотаций: просто ходите по гостиной и обменивайтесь с ними дружелюбными замечаниями. Это способно успокоить присутствующих, охладить их пыл.

Еще один выход — предложить вашему ребенку вместо одной устроить несколько вечеринок с шестью–восемью приглашенными, дома или же в ресторане. Тогда все пройдет намного спокойнее.

Прежде чем закончить наш разговор, я хотел бы вернуться к общему принципу, как нужно вести себя с детьми дошкольного, младшего школьного или подросткового возраста, чтобы они уважали ваши решения.

Чем старше ребенок, тем острее проблема. Какие-то угрозы, которые вы не сможете или не захотите реализовать, здесь совершенно бесполезны. Просто вам необходимо использовать свой авторитет, когда вы решаете проблемы и со своими, и с соседскими детьми. Вы должны быть твердо уверены в том, что имеете право требовать от них хорошего поведения. Тогда ваша уверенность передастся детям, и они будут считать, что вести себя хорошо — единственно правильный выбор. Это особенно трудно дается тем детям, чьи родители частенько прибегали к ругани, угрозам и побоям, ибо не имели представления о других методах воспитания, которые могли бы использовать. Но я знаю десятки детей, хорошо воспитанных только благодаря использованию морального авторитета (без физических наказаний), и могу засвидетельствовать, что этот метод намного более убедителен и эффективен, чем любые угрозы и даже физическое наказание.

В случае с соседскими детьми вы можете подкрепить свой моральный авторитет тем, что, призвав их к порядку, будете оставаться вместе с ними еще на протяжении хотя бы получаса. Так у вас будет возможность убедиться, что дети выполняют ваши требования. Нет необходимости показывать свое раздражение. Просто будьте приветливы, принципиальны и искренни.

6

ОБРАЗОВАНИЕ

Что такое образование?

Образование — понятие разностороннее. Запомнить таблицу умножения — это вовсе не то же самое, что написать сочинение или решить задачу по физике. Последнее, в свою очередь, не имеет ничего общего с изучением иностранного языка или приобретением умения водить автомобиль.

Чтобы понять, что обучение — это естественный процесс, давайте подумаем вот над чем: в нашем высокотехнологичном обществе дети и молодые люди должны осваивать много сложных навыков. В доиндустриальном же обществе, например, все мужчины занимались каким-то одним делом, например охотой или рыболовством, тогда как женщины собирали урожай, готовили еду, шили и чинили одежду, присматривали за детьми.

В младенцах очень силен инстинкт исследования окружающего мира, изучения свойства вещей и проверки собственных способностей. На втором и третьем году жизни они подражают действиям родителей, которые они способны понять и воспроизвести: они учатся разговаривать, самостоятельно принимать пищу и чистить зубы.

В возрасте трех–шести лет дети с еще большей интенсивностью копируют действия отцов и матерей, которых обожают и от которых дожидаются ответной любви. Они сравнивают себя в первую очередь с родителями одного с ними пола, желая стать такими, как они. Малыши изображают из себя отцов и матерей, мужчин и женщин, водителей, продавщиц и т. д., копируют поведение родителей, их манеры, хотят больше узнать об их интересах. В основе этих действий лежат эмоции, и притом достаточно сильные. Родители для них — пример, и дети стараются ему следовать, запоминая действия мамы и папы, как школьники заучивают склонения и спряжения. Это свидетельствует о том, что обучение — это естественный процесс.

Сегодня образование стало невероятно сложным и многосторонним, но я верю, что теплые, уважительные отношения между учителем и учениками по-прежнему являются самой сильной мотивацией к учению, особенно если мы говорим о школе. Ко времени поступления в университет большинство юношей и девушек имеют достаточную внутреннюю мотивацию для того, чтобы хорошо учиться, несмотря на многочисленные аудитории и безличный характер занятий.

По мере развития цивилизации, когда появилась письменность, а профессии и ремесла стали усложняться, большинство родителей были уже не способны передать своим детям все необходимые знания. Появились школы, в которых люди, прошедшие специальную подготовку, обучали детей тому, что знали сами. Учебный материал облекался обычно в цифры или слова, а потому уроки напоминали лекции, которые дети запоминали и пересказывали учителям.

В мусульманских деревнях ученики до сих пор заучивают наизусть Коран; и когда они выучат его от корки до корки, их начнут считать мудрыми людьми. Проходили столетия, знания накапливались, и для их освоения по-прежнему использовались те же самые методы: запоминание лекций или глав из учебника, пересказ выученного материала и экзамены.

Время от времени реформаторы, особенно в профессиональном образовании, например медицинском или юридическом, выступали с протестами: та информация, которую запоминают учащиеся в реальной ситуации, может оказаться бесполезной. К примеру, студент-медик сможет перечислить типичные симптомы определенной болезни, но не способен свести воедино ее историю, результаты осмотра и лабораторные тесты, чтобы было видно различие между случаем одной болезни и похожим случаем другой. Или он, возможно, не имеет никакого представления о том, как опросить пациента, как объяснить ему ситуацию, а если заболевание серьезное, успокоить его. Студент-медик должен приобретать эти навыки, взаимодействуя с реальными пациентами под надзором опытного врача.

Джон Дьюи, философ и педагог, демонстрировал те же самые принципы на примере начального и среднего образования. Дети учатся быстрее, когда обучение сопряжено с деятельностью и соотносится с реальной жизнью. Вместо того чтобы сначала учить детей чтению, затем письму, счету и общественным наукам, он объединил эти предметы в одном очень интересном проекте и пригласил школьников принять в нем активное участие. Ученики третьего класса могли читать про американских индейцев, писать о них сочинения, изучать то, что было для них наиболее важным, как они жили и кочевали до тех пор, пока не появился белый человек и не стал навязывать им свои обычаи.

Дети могут работать над созданием модели индейского поселения или фрески с изображением коренных жителей американского континента. Джон Дьюи был уверен, что энтузиазм группы поможет ребенку, отстающему по чтению или арифметике, подтянуть свои знания, чтобы иметь возможность внести свой вклад в общее дело.

Классная работа может быть «обогащена» за счет дополнительных заданий, позволяющих проявиться способностям продвинутых учеников и непосредственно связанных с тем, что им интересно. Такое возможно в том случае, если класс маленький и учитель имеет достаточную квалификацию. Если какой-то ребенок очень хорошо читает, и классу как раз нужно, чтобы кто-то провел в библиотеке небольшое исследование, то эту работу можно поручить ему. Будет лучше, если его как наиболее подходящего для этого дела учащегося выберет не учитель, а весь класс, иначе не исключено, что он прослывет «любимчиком».

Я считаю, что отношения между людьми должны быть частью учебной программы. Если два младших школьника начинают драться, учителю не нужно разнимать их или, наоборот, не обращать на происходящее внимания. Он может по-дружески с ними обсудить, в чем причина ссоры, как все начиналось, что они сейчас чувствуют, как можно было избежать драки и какие есть способы для разрешения конфликта.

Рассказывая о человеческих взаимоотношениях учащимся старших классов, необходимо затронуть и тему секса. Половое просвещение нельзя сводить к анатомии и физиологии, оно должно включать в себя и духовные аспекты отношений между юношами и девушками, мужьями и женами: идеализацию друг друга, которая побуждает обоих партнеров проявлять свои лучшие качества, желание помогать и, самое главное, доставлять друг другу удовольствие, а позже, когда появятся дети, желание вместе заниматься их воспитанием.

Половое просвещение в широком смысле включает в себя все вопросы взаимоотношений между полами, в том числе время назначения свиданий, что особенно актуально в подростковом возрасте, моду и косметику, а также профессии мужчин и женщин. Обсуждение таких тем нужно проводить во всех школах и классах, начиная от биологических и заканчивая гуманитарными. Школьники должны знакомиться с этими вопросами в соответствии со своим уровнем зрелости и развития.

Сегодня многие педагоги по-прежнему придерживаются старых и, по моему мнению, ошибочных взглядов на учебный процесс. Они считают, что лучший вид обучения — это интенсивная классная работа, что оценки действительно являются показателем уровня знаний и компетентности, что школа обязана привести всех учащихся в соответствие со своими стандартами, а «неудачников» нужно заваливать на экзаменах. Они также верят в то, что образовательная реформа в Америке должна заключаться в повышении школьных стандартов, к которым студенты будут обязаны приспосабливаться за счет увеличения количества уроков или домашних заданий либо за счет более длительного срока обучения. Исследования показали, что ни одна из названных мер не изменяет ситуацию в лучшую сторону.

По-моему, самая серьезная проблема в наших школах — это огромный процент отсева учащихся, особенно среди детей из бедных семей, что в нашем высокотехнологичном обществе крайне нежелательно. Ее можно решить, только предоставив учащимся с худшей мотивацией к учебе самые интересные программы и назначив самых доброжелательных учителей. Необходимо признать, что в шестнадцать лет, как и в четыре года, самая сильная учебная мотивация — это чувствовать, что родители или учителя тебя любят и ценят; тогда дети делают все для того, чтобы оправдать возложенные на них надежды и со временем стать похожими на своих наставников.

Повышение стандартов и требования соответствовать им только повысит процент отсева учащихся.

Как родители могут помочь своим детям получить хорошее образование? Во-первых, если есть такая возможность, то правильно выбрать школу; во-вторых, участвуя в родительских собраниях, отстаивая свою позицию и поддерживая тех учителей, директоров и членов школьного совета, которым они доверяют. Естественно, последнее требует от родителей их активного участия в выборах в школьный совет, которое не должно ограничиваться только голосованием: нужно также поддерживать «своих» кандидатов и материально, равно как и уделять время на агитацию. Назову еще несколько мер, к которым могут прибегнуть родители: требовать увеличения школьных бюджетов, если это, конечно, оправданно; смело выражать свое несогласие по поводу, например, покупки нового спортивного инвентаря за счет сохранения зарплат учителей на прежнем уровне (лучшие учителя не должны покидать школу) — если несогласия не выражать, то верх одержат «спортивные фанаты».

Что следует предпринять родителю, который видит, что в конкретном классе учеба у его ребенка идет не очень хорошо? Приведу один пример — он может оказаться полезным и в других ситуациях. Если чувствительный ребенок учится в первом или во втором классе и боится классного руководителя, потому что у того довольно суровый вид и слишком строгое обращение с детьми, родителю следует обсудить эту проблему с самим учителем или с директором. При этом нельзя критиковать самого педагога, но надо обратить его внимание на высокую чувствительность ребенка. Также родителю следует внимательно выслушать своего сына или дочь и, выразив сочувствие, все-таки указать на то, что учитель использует те методы, которые кажутся ему правильными, и что ребенку придется сталкиваться с разными и порой непростыми людьми на протяжении всей жизни.

Приобретать знания и жизненный опыт вне школы

В нашем технологичном, индустриальном обществе мы в основном думаем о формальном образовании как о нормальном учебном процессе — сначала детский сад, потом двенадцать лет в школе и, возможно, еще четыре года в колледже.

Но есть и другой вид обучения, движущей силой которого является эмоциональная идентификация со своим кумиром (в его роли чаще всего выступает родитель). Именно так дети приобретают необходимые знания и навыки в тех местах, где нет школ, а эта ситуация типична для многих стран в разных частях света. Дети и подростки перенимают там от родителей их умения, не прилагая к этому больших усилий. Простейший пример такого обучения — лепет шестимесячного ребенка, который таким образом, очевидно, подражает речи родителей. Дети до года способны освоить изготовление из песка «пирожков» и с гордостью демонстрировать свои навыки родителям. Малыш, которому уже исполнился один год, заберет ложку у родителя и начнет неуклюже сам себя кормить. Он уже знает несколько слов и будет обходиться ими где-то на протяжении года.

Я помню годовалую девочку, еще не научившуюся ходить, которая, завидев гостя, карабкалась на второй этаж, доставала из открытого ящика стола какое-нибудь одеяние, набрасывала его на шею и ползла вниз, чтобы показать, какая она красивая.

Двухлетние дети очень быстро заучивают новые слова и грамматические конструкции, начиная с существительных, названий предметов, имен и заканчивая глаголами и простыми предложениями.

Этот вид обучения намного более важный и фундаментальный, нежели школьное обучение. Именно так учатся животные: детеныши внимательно наблюдают за своими родителями, от которых они зависят и с которыми их связывают эмоциональные отношения.

Больше всего маленькие дети хотят стать похожими на своих родителей. Именно так они учатся тому, как вести себя с другими людьми: в браке, в общественной жизни и на работе. Этот вид обучения никак нельзя назвать дополнительным, потому что он превосходит по важности все остальные. В попытках игнорировать этот факт родители и учителя совершают очень много серьезных ошибок.

Теперь еще несколько примеров. Мальчики учатся быть мужчинами, вырабатывают свойственные мужчинам походку и тембр голоса, получают удовольствие от общения с друзьями одного с ними пола, наблюдая за своими отцами и, если они есть, старшими братьями. Успех обучения зависит от того, любит ли отец своего сына и получает ли удовольствие от общения с ним. Если да, то мальчик с воодушевлением будет копировать все действия отца. Если нет, то он вряд ли захочет быть похожим на того, кто не проявляет к нему особого интереса.

Как-то давно мне представилась возможность наблюдать за тем, как четырехлетняя девочка сравнивает себя с матерью. Та учила свою дочь, как правильно купать куклу: сначала надо ее раздеть, потом искупать, затем вытереть, высушить, одеть и уложить в кроватку. На каждом этапе мать повторяла: «Видишь, как я это делаю, дорогая? Смотри внимательно, ничего не пропусти». Наконец, она отходит в сторону и поручает работу подружке своей дочери, которая пытается все воспроизвести. И вот уже дочь начинает руководить действиями своей подруги: «Нет, дорогая, не так. Смотри внимательно, я тебя научу».

Чью снисходительную и властную речь мы здесь слышим? Конечно же, это манера матери девочки, которую та усвоила как раз к четырем годам. Вы можете быть уверены, что и в двадцать четыре года ей будет свойственна именно такая манера речи в общении со своими детьми. Она как бы стала матерью уже в четыре года, отождествив себя с поведением своей матери.

Моя мать, которая почти никого не боялась, испытывала настоящий ужас перед пьяными. Она никогда не рассказывала об этом детям, но я хорошо помню, как она крепко сжала мою руку, когда мимо нас прошел нетрезвый человек. Мне тогда было четыре или пять лет. Ее тревога передалась мне, и двадцать лет я не мог с ней справиться.

Дети очень любят наблюдать за тем, как кто-то выполняет свою работу, обязанности и охотно повторяют те действия, которые видят. Дни напролет они могут играть в «семью»: мальчик будет изображать из себя папу, а девочка — маму. По утрам мальчики будут прощаться со своими «женами», давая или получая инструкции и затем отъезжая на «машине» от дома. Если мать ходит на работу, то девочка, очевидно, будет делать так же, оставляя детей на попечение воспитателей детского сада. Когда в воспитании детей принимают участие оба родителя, то дети будут по очереди учить или бранить куклу либо маленького ребенка, принимающего участие в их игре. Родители, наблюдая за тем, как дети копируют их поведение, манеры и действия, могут сделать для себя ряд важных открытий, а иногда и смутиться.

Мальчикам и девочкам не так интересно наблюдать за офисными служащими, как за водителями автобусов, машинистами экскаваторов или за работой врачей.

Чтобы привить ребенку желание ходить в школу и самостоятельно научиться читать, следует регулярно читать ему книги. Чем раньше будет положено начало этому процессу, тем лучше — приступать к делу можно тогда, когда ребенок совсем еще маленький. Читая детям книги, вы даете им понять, что это очень интересное и увлекательное занятие. Так у них формируется стремление и готовность к учебе.

Говоря о вреде слишком раннего начала формального обучения, я всегда вспоминаю один фильм. Его снял психолог, проповедовавший раннее начало обучения чтению и утверждавший, что дети освоят этот навык без всякого давления со стороны взрослых. Он показывал зрителям двухлетнего ребенка — выглядел, как испуганный кролик, который хочет вырваться из рук человека. Мальчик озирался по сторонам в поисках пути к спасению, но нигде его не находил. Он тихо бормотал слова, на которые указывал ему психолог. Безусловно, он подвергался очень сильному давлению, которое могло надолго отбить у него охоту к учебе. От этой сцены у меня по коже побежали мурашки.

Мы впитываем в себя не только «хорошие» качества своих родителей, но также и «плохие». Статистика свидетельствует, что большинство мужчин, избивающих своих жен, в детстве видели, как то же самое когда-то делали их отцы. А родители, замеченные в плохом обращении с детьми, когда были маленькими, сами подвергались насилию. Даже если они не одобряют такое поведение, все равно, потеряв терпение и контроль над собой, они не преминут прибегнуть к побоям.

Заканчивая обсуждение этой темы, я хочу поговорить еще о том, как учеба в медицинских школах и ординатура в больницах в конце девятнадцатого — первой четверти двадцатого столетия постепенно перестала быть тем, чем она на самом деле должна была являться. Возможно, кому-то покажется, что этот пример имеет мало общего с проблемами дошкольного образования в последние десятилетия двадцатого века. Но в действительности он предельно четко формулирует дилемму «внешкольное обучение против школьного».

Многие знания, имеющие первостепенную важность, студенты и ординаторы получают благодаря наблюдению за преподавателями и врачами, которыми они восхищаются и которые относятся к ним с душевной теплотой. На протяжении столетий было известно, что нельзя подготовить хорошего врача только с помощью лекций и книг. В прежние времена, когда единственной медицинской наукой была анатомия, студенты изучали ее, препарируя трупы под наблюдением преподавателей. Затем учащийся проходил практику у того или иного врача, который внимательно следил за его прогрессом и давал ему необходимые советы.

В девятнадцатом веке наступила эра технических наук, которые до сих пор играют главную роль в подготовке медиков. К ним относились: физиология, биохимия, микроскопическая анатомия, патология (диагностика заболеваний путем изучения анализов крови, мочи, кала, спинномозговой жидкости, образцов ткани, удаляемой во время операций, а также с помощью вскрытия тел умерших людей). Эти науки значительно сместили акцент в постановке диагнозов и лечении болезней, равно как и во взаимоотношениях студентов и преподавателей. Последние превратились в ученых, которые полагались исключительно на лекции, а чтобы повысить трудолюбие студентов, внушали им страх перед экзаменами.

К концу девятнадцатого века преподаватели медицинских школ избегали диагностировать психосоматические заболевания, когда их физические симптомы были связаны со стрессом, волнением, депрессией, а не с инфекцией или с другой «медицинской» причиной. Считалось, что эти состояния, с которыми взрослые чаще всего приходили и до сих пор приходят на прием к врачам, это просто продукты воображения пациентов, плоды чрезмерной мнительности или же откровенная симуляция. В любом случае, по мнению врачей, они не заслуживали внимания.

В годы моей учебы в медицинской школе (1925—1929) никто не знакомил студентов с важными психологическими аспектами медицины, акушерства, хирургии, педиатрии, отношений в браке или между доктором и пациентом. Подумайте о миллионах людей, которым неверно поставили диагноз или прописали неправильное лечение. И все из-за того, что преподаватели, когда знакомились со студентами, выражали им свою симпатию, побуждая их тем самым приобретать те же знания и умения, которыми владели они, предпочитали игнорировать так называемое побочное обучение. Возможно, некоторые студенты, наблюдая за врачами, которые относились к пациентам как к очередным «случаям» определенного заболевания и в сердцах которых не было любви и сострадания, отождествят себя с ними и сами станут такими же черствыми и холодными «диагностами».

Понадобилось полстолетия, чтобы частично избавиться от подобного отношения.

Соперничество

Я чувствую, что в нашем обществе конкуренция усиливается, затрагивая не только глав больших корпораций, но даже маленьких детей.

Слишком сильное соперничество содействует появлению новых проблем. По-моему, так быть не должно. Конечно, людям, как и львам, например, присуща внутривидовая конкуренция, и в нас всегда будет присутствовать дух соперничества. Вы можете это видеть хотя бы по тому, как маленькие дети, даже подрастающие в семьях, в которых никто не придает особого значения первенству, когда учатся плавать или решают вдруг устроить забег на скорость, оспаривают друг у друга внимание родителей.

Но в том или ином обществе в семьях с низким уровнем конкуренции родители могут не заметить или не обратить внимания на подобные детские «поединки». В Америке, где конкуренция очень высока, многие родители активно поощряют детей, чтобы те непременно оказались первыми.

Я бы сказал, что присутствующий в детях дух соперничества, если только он не направляется на то, чтобы обидеть другого, не представляет никакой угрозы. Детская шкала ценностей может исказиться только в том случае, если к соперничеству их будут побуждать родители, учителя или если оно направлено на унижение другого.

Чуть ранее я приводил пример, когда психолог заявил, что ему под силу обучить чтению двухлетнего ребенка, не оказывая на него никакого давления. Но фильм, в котором он демонстрирует свой метод, свидетельствует об обратном: мальчик, который должен был стать «героем» фильма, имел вид испуганного кролика, мечтавшего лишь о том, как бы поскорее выбраться из западни, где он вынужден был находиться.

Воспитатели детских садов часто рассказывают мне, что многие родители, обеспокоенные будущим своих детей, интересуются, почему их трех—четырехлетних детей еще не обучают чтению, письму и арифметике.

Но есть ли смысл делать из детей вундеркиндов, если ни одно исследование не подтвердило того, что преждевременное обучение делает из детей лучших учеников в дальнейшем? Я считаю, что если начать слишком рано приобщать детей к учебной работе, то это только разовьет в них неприязнь к образованию как таковому.

Когда детям исполняется три или четыре года, они начинают готовиться к тому, чтобы быть будущими мужчинами и женщинами, работниками и добропорядочными гражданами. Именно поэтому они постоянно внимательно наблюдают за родителями и моделируют по образцу их поведения свое собственное. Это гораздо важнее, чем осваивать в таком возрасте умение считать или писать. В действительности эксперименты показывают, что дети быстрее осваивают перечисленные навыки и сталкиваются с меньшим количеством проблем, если начинают учебу не в шесть лет, как это принято, а в семь. Я не вижу вреда в том, чтобы, отвечая на вопрос четырехлетнего малыша, объяснить ему, как называется та или иная буква или цифра. Но оказывать на него давление — это крайне нежелательно.

В большинстве школ и университетов у учащихся создается впечатление, будто они учатся не для того, чтобы познавать мир и самих себя, а что их главная цель — получать хорошие оценки. Когда оценки слишком низкие, вас исключают. Если они очень высоки, то вас будут считать лучшим студентом. А тем временем учителя и преподаватели могли бы поощрять знакомство с одногруппниками и окружающим миром, разрабатывая и воплощая в жизнь совместные проекты.

Раньше дети ездили в летние лагеря для того, чтобы наслаждаться природой и получать удовольствие от различных игр, для проведения которых зимой у них не было времени или возможностей. Теперь их все чаще посылают в лагеря для изучения математики или компьютеров, либо для совершенствования игры в теннис.

В прежние времена мальчики и девочки соревновались обычно для того, чтобы приятно провести время и продемонстрировать свои способности. Соревнования чаще всего устраивались спонтанно, без предварительной подготовки. Но, как мне кажется, постепенно целью таких соревнований стало желание добиться победы. Все как бы смиряются с тем, что сама игра доставит мало удовольствия, но зато принесет славу. Тренер, которого нанимают специально для того, чтобы дети могли одерживать победы, пользуется огромным авторитетом. Я знаю это, потому что на протяжении трех лет сам участвовал в соревнованиях по академической гребле среди студентов колледжей. Там нам было не до шуток!

Игрой, в которой могут участвовать и мальчики, и девочки, получая от нее удовольствие, я считаю фризби*. Но, мне кажется, если по этой игре начнут проводить мировое первенство, то родители наймут тренеров, чтобы те сделали из их детей чемпионов.

В небольших городах почти все представители мужской части его населения горячо болеют за успех футбольной команды их колледжа или университета, прославляя ее «звездных» игроков. Человеку, выросшему в другом окружении, подобное отношение может показаться довольно странным. Большинство членов таких команд обладают достаточной зрелостью для того, чтобы перерасти потребность в поклонении окружающих. Но я знаю немало футбольных звезд той или иной школы либо колледжа, чье эмоциональное и социальное развитие остановилось на уровне этих триумфов; они не хотели ничем заниматься, так как любое другое дело не приносило им такой славы. Это не что иное, как эксплуатация молодых и неопытных студентов ради удовлетворения страсти соперничающих великовозрастных болельщиков.

Когда в колледж принимают спортивных звезд, которые отличились спортивными успехами в старших классах школы, и выделяют им «спортивные стипендии», даже если они плохо учатся, то это, по моему мнению, еще один повод к появлению цинизма, которого у нас и так достаточно. Я думаю, что все студенты, которым университетское образование может пойти на пользу, но они, к сожалению, не в состоянии за него заплатить, должны оправдывать ожидания государства, которое компенсирует их расходы.

* Игра в «летающую тарелку». — *Прим. перев.*

По-моему, организованные спортивные соревнования для учащихся 7—9 классов можно оправдать лишь тогда, когда они устраиваются для развлечения и приобретения определенных навыков. Но я знаю, что иногда во время проведения игры родители, возмущенные решением судьи, с гневом вскакивали с трибун и начинали спорить с арбитром. И я видел, как отец в присутствии всей команды ругал своего маленького сына за то, что тот допустил небольшую ошибку. Одного такого эпизода достаточно, чтобы у чувствительного мальчика навсегда отбить охоту заниматься спортом.

Если родители испытывают стресс, то дети непременно это почувствуют, даже если им ни о чем не рассказывать. Тот нездоровый дух соперничества, который многие родители передают детям, часто связан вовсе не с сознательными попытками родителей добиться от детей почти невозможного. Дело здесь в том, что родители сами испытывают на себе постоянное давление, побуждение к конкуренции и продвижению вперед, которое буквально витает в воздухе. Поэтому вольно или невольно они передают его своим детям. Нередко они даже не чувствуют давления, оказываемого на них самих обществом, и не замечают, как побуждают к соперничеству собственных детей: такое давление родителей на детей воистину стало неотъемлемой частью нашей жизни, и мы даже не представляем, что все может быть иначе. Только сравнив конкуренцию в нашем обществе с конкуренцией в обществе с более простой организацией, мы увидим, какую лихорадочную жизнь ведем.

Отец тинейджера, попавшего в серьезную переделку, признался консультанту, что был настолько поглощен своей работой, так сильно старался преуспеть, чтобы получить более высокую зарплату ради мнимого блага своей семьи и удовлетворения собственных амбиций, что совершенно утратил контакт с детьми и почти забыл о своей жене.

Отец сказал сыну, озабоченному неспособностью государства решить экономические и социальные проблемы общества, следующее: «Не беспокойся о политике, сын, от тебя требуется только продвигаться вперед». Этот совет — забыть о политике, о благе нации и замкнуться на «здоровом индивидуализме»* — одна из причин того, что половина американцев ленятся ходить на избирательные участки, а это приводит к нарушению принципов демократии и к пренебрежительному отношению правительства к благополучию, здоровью и образованию детей. Из-за безразличия граждан к политике страдает не правительство — страдают они сами. Совет, который отец дал сыну, отбивает у ребенка желание отстаивать демократические ценности и благо всего общества и побуждает его лишь конкурировать с другими за «место под солнцем».

Большинство мужчин, а теперь и очень многие женщины, которые работают прежде всего ради удовлетворения своих карьерных амбиций, считают работу самой важной частью своей жизни. Они ставят ее превыше всего: семьи, друзей, приобщения к культурным ценностям — посещению концертов и спектаклей, к литературе, занятиям фотографией, играм, общению с природой.

Кто-то, возможно, посчитает мои слова необдуманными, но спросите себя, кто страдает больше всего, когда у нас не хватает времени на все?

Конечно, работающие матери, чьи дети постоянно болеют, скорее всего, поставят работу на второе место, но здоровым детям нельзя надеяться на то, что их роди-

* Концепция самоценности и свободы индивида, его полной ответственности за собственную судьбу; вера в то, что каждый человек может самостоятельно решить все свои проблемы при минимальном вмешательстве государства; выражение получило распространение во времена президента-республиканца Гувера. Доктор Спок говорит о ней с большой долей иронии. — *Прим. перев.*

тели отпросятся с работы, чтобы принять участие в пикнике или школьном творческом вечере. «Маме (или папе) нужно работать», — таков будет ответ родителей. Я слышал, как дети выражали свое недовольство по этому поводу. Они также жалуются на то, что родители уделяют им мало времени по вечерам или в выходные дни.

Я привел несколько примеров того, как родители, учителя или телевидение поощряют детей и молодых людей к соперничеству. Эти примеры достаточно серьезны и способны закончиться трагедией или преступлением. Я хотел подчеркнуть, что призывы к превосходству одних над другими раздаются буквально отовсюду, и нам известно, какое влияние они оказывают на менее сознательных или менее устойчивых индивидов. Соперничество не усиливает, а, наоборот, ослабляет наше общество. К примеру, криминалисты считают, что возросший уровень преступности объясняется в том числе и тем, что молодые люди, не имеющие идеалов из-за того, что ими пренебрегали в детстве, видят на улицах и по телевизору красивые рекламы, знают, как живут богатые, и думают: «Почему я не могу наслаждаться такими же благами?»

Среди взрослых стремление к увеличению доходов любой ценой привело к случаям инсайдерской торговли* на Уолл-стрит и к тому, что одна компания решила продавать подслащенную воду под видом яблочного сока. Некоторые атлеты для улучшения результатов пользуются запрещенными препаратами. Политики берут взятки для того, чтобы одержать победу на выборах. Банкиры, давая необдуманные кредиты ради получения сверхвысоких прибылей, заканчивают жизнь в нищете. Некоторые главы государств жертвуют здоровьем, бла-

* Покупка акций компании лицом, обладающим конфиденциальной информацией о делах компании. Квалифицируется как федеральное преступление. — *Прим. перев.*

гополучием детей и матерей ради того, чтобы получить поддержку и финансирование со стороны крупных бизнесменов и промышленников.

Я считаю, что лучший способ бороться с этой тенденцией — это перестать делать из детей «чемпионов» и начать взращивать в их душах идеалы верности, доброты, сотрудничества и любви. Чтобы воспитать своих сыновей и дочерей именно такими, родители должны относиться друг к другу и к детям с любовью, уважением и заботой, а уж дети не преминут перенять у них это отношение.

Кроме того, родители могут поощрять детей делать ту или иную работу. Даже двухлетний ребенок способен накрыть на стол — и он сделает это с удовольствием, потому что, как ему кажется, он будет больше похож на взрослого. Мальчикам и девочкам разных возрастов стоит поручать работу по дому и во дворе. Но не надо их заставлять — просто объясните, что таким образом они вносят свой вклад в семейное благополучие, и постарайтесь работать вместе с ними. Для подростков стоит найти постоянную работу вне дома, это может быть помощь в уходе за больными или маленькими детьми, занятия с младшими школьниками, у которых есть проблемы с учебой. Полученный ими опыт — успешный или неудачный — стоит затем обсудить в классе с опытным педагогом.

Родителям следует обратить особое внимание на манеру, в которой они поручают детям работу. Работа — это не неприятная обязанность, а возможность помочь другим людям. И родители всегда должны подавать детям пример.

Я глубоко убежден, что если родители поймут, насколько напряженно они работают и живут, как их стрессовое состояние и дух соперничества влияют на детей, то они постепенно научатся давать себе послабление и получать больше удовольствия от жизни. А от этого в конечном счете выиграет все общество. Но этого можно добиться лишь постепенно, приложив определенные усилия в самом начале.

Как правильно оценить учителя вашего ребенка?

Самым важным критерием я назвал бы отношение ребенка к учителю.

Но, можете возразить вы, некоторые дети любят тех учителей, которые, будучи далеко не профессионалами, ведут себя с учениками как со своими старыми друзьями и проводят уроки легко и как бы небрежно, чем и заслуживают их любовь. А вот родителей это настораживает, и такое опасение кажется вполне обоснованным, но если исходить из моего опыта, оно всегда оказывается напрасным. На самом деле дети относятся к учителю, потакающему им, довольно критически. Я слышал, как они говорили: «Мисс Дженкинс очень милая, но она нас ничему не учит».

Ничто так не ускоряет обучение, как отождествление детей с теми, кем они восхищаются и кто отвечает им любовью и уважением. Во многих странах, где нет школ, дети учатся охоте, рыболовству, сельскому хозяйству, уходу за младенцами или приготовлению пищи, идентифицируясь с родителем одного с ними пола, которым они восхищаются и на которого хотят походить. Если говорить о нашей культуре, то я могу привести в пример студентов медицинских школ и ординаторов в больницах, которые учатся быть врачами, отождествляя себя с теми из них, перед мастерством которых они преклоняются и которые, в свою очередь, относятся к ним с уважением. Ни один студент не захочет быть похожим на врача, не испытывающего к нему никаких эмоций.

Когда дети любят учителя, это означает, что и учитель не только любит своих учеников, но и пытается понять их проблемы. Таково главное условие успешного обучения.

Ошибочно думать о школьных предметах как о чем-то чрезмерно трудном, а поэтому требующем наличия у учителя высоких профессиональных навыков и терпеливой напряженной работы со стороны учеников. Предметы, которые изучаются в каждом классе, обычно даются большинству учеников довольно легко, если, конечно, что-то их не напугало или если они не «увязли» в каком-то вопросе. А «увязнуть» они могут потому, что боятся учителя или испытывают страх из-за того, что не сумеют правильно ответить или что-то понять. Итак, компетентность учителя определяется в первую очередь тем, может ли он относиться к ученикам терпеливо и дружелюбно, пытаясь выяснить, в чем заключается проблема каждого, и помогая с ней справиться.

Еще одна причина плохой успеваемости детей заключается в том, что учебный материал превышает уровень их способностей. Такое бывает у детей с низким коэффициентом интеллекта. Но чаще всего дети испытывают трудности в какой-то одной области, будь то чтение, произношение, умение считать или писать. Учителя нередко предъявляют к ним неоправданно высокие требования, а такие дети прежде всего нуждаются в специальных условиях, которые помогли бы им увеличить свой потенциал. Надо помнить, что у некоторых детей могут быть проблемы с умением сосредоточиться или с поведением, что и может ограничивать их возможности.

В восемь лет я учился в маленьком классе, состоящем из шести учеников. Учитель, не прошедший специальной подготовки, заставлял меня как можно быстрее научиться решать длинные примеры на деление. Это было для меня очень сложно, и я каждый день плакал.

Ошибка учителя заключалась в том, что он не учел один важный момент: лишь немногие дети этого возраста способны решать такие примеры.

Под школьными навыками нельзя понимать только умственные способности. Десять процентов детей, имеющих нормальный IQ, в первые годы учебы испытывают трудности с запоминанием формы и положения букв — они путают «л» и «п» или вместо слова «ток» произносят «кот». В результате они осваивают чтение медленнее, чем другие дети. Кроме того, они могут утратить уверенность в себе и паниковать по поводу того, что никогда не научатся читать. У других детей бывают проблемы с математикой. Опытные педагоги, используя специальные методики, способны выявить эти проблемы, с помощью тестов определить уровень развития у детей тех или иных навыков и помочь им восполнить пробелы.

Вернемся к оценке учителей. Второй признак, по которому можно судить о компетентности учителя или воспитателя, — направленность его внимания. То есть нужно определить, взаимодействует ли учитель большую часть времени с классом как с единым целым или он выделяет отдельных учеников, которые «застряли» на том или ином вопросе, и помогает им преодолеть возникшую трудность.

Плохая учительница будет угрожать школьникам, что поставит им низкие оценки или не переведет в другой класс. Такая тактика, скорее всего, еще больше затормозит отстающих ребят, а не поможет им продвинуться вперед. Задача учителя — доступно и интересно излагать материал, что как бы бросает вызов способностям учащихся, самолюбие которых не позволило бы им отказаться от активного участия в классной работе.

Следовательно, необходимо разрабатывать проекты, упражнения, творческие программы и планировать экскурсии, которые сделали бы учебный предмет максимально захватывающим и приблизили его к реальности. Кроме того, лучшим ученикам следует давать дополнительные задания, которые по-настоящему тестировали бы их знания и навыки; менее успешные ребята должны получать задания попроще, чтобы они не разуверились в себе, а, наоборот, гордились своими маленькими достижениями. Безусловно, все это можно воплотить в жизнь только в небольших классах. Учитель, который применяет телесные наказания или отправляет ученика на ковер к директору, потерпит неудачу и будет вынужден признать свое поражение.

Хороший педагог поощряет инициативу, ответственность и творчество. Эти качества необходимы всем учащимся, если, конечно, они впоследствии хотят получить хорошую и интересную работу. Этому невозможно научиться из книг; «проповедь» учителя или родителя также не способна развить в детях такие качества. Только получая возможность ежедневно их практиковать, дети постепенно сделают эти качества неотъемлемой частью своего характера. Мудрый учитель будет предоставлять ученикам возможность проявлять инициативу, самостоятельно планировать часть своей работы и самостоятельно решить некоторые проблемы — даже если они будут совершать ошибки. Он поможет ученикам задействовать весь свой творческий потенциал при написании сочинений, рисовании картин или постановке пьес. И после того, как учащиеся спланируют часть своей работы, он позволит им воплощать задуманное, осуществляя лишь минимальный контроль. Научить ребенка ответственности можно только в том случае, если вы будете разрешать ему брать эту ответственность на себя.

Как вы узн*а*ете, помогает ли учитель своим ученикам, стремится ли развить в них инициативу, творчество и ответственность? Подсказкой для вас может быть то, что ваш ребенок рассказывает о школе. Но лучше всего побывать в классе самому и провести там хотя бы полдня.

Что делать, если ребенок постоянно жалуется вам на учителя? Например, он говорит, что учитель «страшный» или что он непонятно объясняет материал. Особенно часто страх перед учителем испытывают чувствительные, чрезмерно сознательные дети, школьная жизнь которых только-только началась. Кроме жалоб симптомами страха могут быть плохой аппетит, боль в животе по утрам, когда надо идти на занятия, или тошнота по дороге в школу. Этот страх, вызванный требованиями учителя, который присущ некоторым детям шести–семи лет, представляет собой один из аспектов перехода от жизни в кругу семьи к жизни во внешнем мире, когда ребенок должен брать на себя ответственность за свои действия, сотрудничать с другими людьми и становиться все более самостоятельным.

Я думаю, когда ребенок жалуется вам на учителя, нужно выслушать его с сочувствием и не спешить при этом делать выводы о том, что учитель, и правда, злой или некомпетентный. Вы можете сказать: «Я понимаю, что ты очень расстроен, потому что учитель отругал тебя перед всем классом». Затем предложите ребенку сходить на занятия вместе с ним, чтобы посмотреть, что там действительно происходит. Даже одно ваше присутствие может обратить внимание учителя на наличие определенных проблем и сделать его более чутким к переживаниям ребенка.

Вы также можете попросить учителя о встрече, но не для того, чтобы пожаловаться, а чтобы поинтересоваться, как у вашего сына или дочери идут дела. Затем можно упомянуть о конкретной проблеме, не обвиняя при этом учителя: «Ребенок обеспокоен тем, что не знает, справится ли он с программой», «Когда у него что-то не получается, он впадает в панику и у него опускаются руки».

Обычно проходит несколько недель, и ученик понимает, что строгость учителя не способна сильно ему навредить. Если этого не происходит, и ребенок по-прежнему остается несчастным и напряженным, то родители могут обратиться за помощью к директору школы. Здесь опять-таки важно не возлагать всю вину на учителя, так как это заставит директора встать на его защиту. Лучше сделать акцент на чувствительности ребенка, на его очень юном возрасте. Директор сможет понять сложившуюся ситуацию и, возможно, предложит вашему ребенку специальные условия обучения либо назначит встречу с учителем, а возможно, призовет на помощь школьного консультанта или педагога-психолога.

Эта дискуссия затрагивает еще два вопроса. Родители, определившие для своих детей сверхвысокие стандарты и возлагающие на них большие надежды, могут попросить школу перевести их ребенка в класс, в котором занимаются дети постарше. Но такой перевод иногда оказывается ошибкой, и ребенок, не способный угнаться за остальными, чувствует себя как бы опозоренным, когда его возвращают в прежний класс.

Родители одаренных детей могут думать, что их чада будут скучать в классе, в котором учатся обычные дети. Но это далеко не всегда правда. Если класс небольшой, а учитель хорошо подготовлен и отличается творческим подходом к делу, то он будет давать одаренному ребенку дополнительные задания: например, прочитать книгу, не входящую в школьную программу, и кратко пересказать ее содержание перед всем классом и т. д. Такой же принцип используется в школе, имеющей всего одно классное помещение, в котором занимаются четыре и более классов, и педагог дает ученикам разные задания.

Уроки, уроки...

Как относиться к занятиям в балетной школе, урокам чечетки, рисования, игры на фортепьяно и на скрипке, к посещению выставок, музеев и театров? Нужно ли это детям? Должны ли родители брать инициативу на себя и предлагать ребенку те или иные уроки?

Я думаю, это нужно, если у детей есть соответствующие способности или хотя бы тяга к какому-то из видов искусства. Талантливая игра на музыкальном инструменте доставляет огромное удовольствие исполнителю и слушателям. Она обогащает душу, позволяет испытывать гордость за свои достижения. Те же преимущества дает и умение танцевать. Кроме того, у танцоров обычно хорошая осанка и они отличаются изяществом и утонченностью, что лично мне очень импонирует.

Умение ценить произведения живописи, скульптуры или фотографии откроет дорогу к удовольствию и будет служить постоянным источником вдохновения, чем бы человек ни занимался. Став артистом, неважно, профессионалом или любителем, индивид будет получать еще больше наслаждения и вдохновения.

Некоторые дети дошкольного и младшего школьного возраста с большим удовольствием посещают уроки музыки или занимаются у таких увлеченных своим делом педагогов, что не нуждаются в уговорах родителей. Чаще всего я видел это в семьях профессиональных музыкантов, которые служат детям образцом для подражания и всей своей жизнью как бы доказывают, что, начав серьезно заниматься музыкой, бросать это увлечение просто невозможно.

Но самая большая проблема, с которой сталкиваются маленькие дети, когда начинают заниматься музыкой, — это практика. Мои собственные дети, дети моих друзей и пациентов часто сталкивались с подобными трудностями. Дети не представляют, сколько месяцев или лет однообразной утомительной практики понадобится им для того, чтобы овладеть исполнительским мастерством. Но если родители откровенно поговорят с детьми и обсудят с ними эту проблему, те забудут о своем беспокойстве и пообещают заниматься настойчиво и усердно. Дети дают обещания охотнее, чем взрослые.

Должен ли родитель сам предлагать ребенку записаться на те или иные уроки? Я полагаю, что в некоторых случаях это нормально, особенно если уроки не предусматривают изнурительной практики. Но учитывая, сколько детей по прошествии некоторого времени теряют весь энтузиазм, а это особенно часто происходит с детьми, которые занимаются музыкой, я бы воздержался от того, чтобы делать ребенку подобные предложения. Хотя даже если ребенок сам захочет посещать те или иные уроки, это еще не гарантирует, что он будет и впредь заниматься настойчиво, терпеливо. Но в целом, когда инициатива исходит от самих детей, а не от их родителей, то они проявляют больше усердия и целеустремленности. Таково мое мнение. Но мне известно, что многие родители предоставляют детям возможность попробовать себя в том или ином деле. Каждый должен сам решать, какой подход ему ближе.

Если ребенок спустя несколько недель или месяцев заявляет, что больше не желает практиковаться или брать уроки, то, я полагаю, родители не должны его принуждать. Впрочем, если они способны быть тактичными и благожелательными, то могут попытаться убедить ребенка продолжать занятия. Но я бы посоветовал все же прекратить посещать уроки — это пойдет на благо и самим родителям, и их ребенку, — если по прошествии нескольких месяцев станет очевидно, что у него иссяк энтузиазм и, несмотря на все призывы педагога и родителей, на занятиях он только филонит.

В любом случае я считаю более предпочтительным отказ родителей от давления на ребенка и постоянных напоминаниях о необходимости практиковаться. Ведь в большинстве семей и так существует немало причин для того, чтобы между родителями и детьми возникло напряжение в их взаимоотношениях. Пусть лучше ребенка убеждает учитель.

Я не хочу, чтобы мое пессимистическое отношение к практическим занятиям детей заставило родителей полностью пересмотреть свои взгляды. Однако они могут принять на вооружение мои советы, если чувствуют, что дополнительные уроки только тяготят их ребенка. Но некоторые дети продолжают брать уроки и совершенствовать свои практические навыки и в конце концов, благодаря собственному энтузиазму и поощрению или настойчивым требованиям родителей либо педагога, становятся хорошими музыкантами. Тем не менее нельзя знать заранее, что придется по душе вашему ребенку. Если вы решаете твердо стоять на своем, несмотря на отсутствие у ребенка большого желания продолжать занятия, то спустя какое-то время, убедившись, что ваш сын или дочь только топчутся на месте, вы можете отказаться от дальнейшего давления.

До сих пор мы говорили об индивидуальных занятиях музыкой под руководством педагога и об индивидуальной практике дома. Теперь я хотел бы сказать несколько слов о методе Судзуки, который подразумевает совмещение индивидуальных и групповых занятий.

Занятие в группе делает уроки менее скучными. Метод Судзуки хорош еще и тем, что он не требует от маленьких детей чтения музыки по нотам. Он предполагает, что дети учат мелодии точно так же, как и слова, то есть путем подражания. Нотная грамотность придет позднее.

Ситуация с уроками музыки становится несколько иной, когда она касается старшеклассников. Если в школе есть свой оркестр, а также педагог, готовый обучить желающих игре на музыкальных инструментах, то многие молодые люди захотят посещать такие уроки. Так они не только научатся хорошо играть, но и станут частью команды, равно как и получат возможность показать свои умения другим.

Повышенный интерес подростков к популярной музыке вдохновляет некоторых из них на то, чтобы возобновить посещение уроков, от которых они отказались в раннем детстве, или на то, чтобы записаться к учителю и начать учебу с нуля. Возможно, они примут решение заниматься по самоучителю. И пусть это будет не тот стиль музыки, который нравится родителям, но, по крайней мере, он будет вдохновлять подростков и приносить им удовлетворение. Те, кто научатся хорошо играть, нередко создают свои оркестры. Некоторые молодые люди по мере совершенствования своих навыков могут серьезно заинтересоваться и классической музыкой.

Что касается уроков танца, будь то балет, чечетка или модерн, то многие девочки и некоторые мальчики даже без побуждения со стороны родителей сами изъявляют желание записаться на них. Если же ваша дочь не проявляет инициативы, но вы хотите, чтобы она занималась танцами, просто предложите ей посмотреть, как танцуют другие. Если дочь осталась равнодушна, то и не заставляйте ее. Я не верю, что дети получат пользу от уроков, которые они посещают лишь потому, что на этом настояли их мамы и папы. Позвольте ребенку решать самому.

Если ваш ребенок постоянно что-то рисует или лепит, то легко сделать вывод, что ему нравятся эти занятия. Сходите с ним на выставку произведений искусства, на которой представлены работы, которые могли бы его заинтересовать, в том числе, безусловно, на выставку детских работ. Многие дети, увидев достижения своих ровесников, изъявляют желание записаться на уроки рисования или лепки. Но пусть они сами сделают этот выбор.

Не стоит перегружать ребенка уроками. У него должно оставаться время на то, чтобы побывать в гостях, на чтение книг, которые не входят в школьную программу, на игры, хобби и даже на то, чтобы просто помечтать.

ОГЛАВЛЕНИЕ

Благодарность 4

Введение 6

1. Привить детям уважение к человеческим ценностям 11

Как научить детей отдавать и делиться 11

Ответственность и обязанности 18

Чем больше, тем лучше? 22

Рост стрессовых ситуаций и ослабление духовных ценностей 28

Дети и религия 45

Волонтерская и благотворительная деятельность 48

Сцены насилия в новостях, кино и по телевидению 53

2. Семья 63

Меняющиеся представления о семье 63

Ранняя и поздняя беременность........... 69

Второй ребенок 74

Когда одного ребенка любят меньше, чем другого 80

Подготовка детей к счастливому браку..... 83

Может ли один родитель заменить двух? . . . 90
Проблемы неродных родителей 99
Роль бабушки и дедушки 107
Назойливая бабушка. 112
Отпуск без детей 119
Как предупредить стресс во время праздников? 125

3. Современная культура 131
Изменения в проявлении заботы о детях и пожилых людях 131
Можете ли вы научить детей принимать свои собственные решения? 135
Чувство вины работающих родителей 142
Как дети относятся к распорядку дня 147
Обращение к родителям по имени. 153
Кумиры подростков, стиль панков и ранние этапы полового созреванияя 158
Насколько откровенно можно говорить о сексе? 165

4. Дисциплина: как научить детей соответствовать ожиданиям 175
Родители, неуверенные в своих требованиях 175
Постоянство в требованиях дисциплины 184
Роль отца в поддержании дисциплины 187
Обман 191

5. Социальное развитие детей 197

Игра: «работа» маленьких детей 197

Соперничество между братьями и сестрами 204

Как помочь ребенку, который не пользуется популярностью. . . . 209

Давление со стороны сверстников в подростковом возрасте 215

Сравнения и разочарования 224

Соседские дети 230

6. Образование 237

Что такое образование? 237

Приобретать знания и жизненный опыт вне школы. 243

Соперничество 248

Как правильно оценить учителя вашего ребенка? 256

Уроки, уроки... 262

Научно-популярное издание

СПОК Бенджамин
ШКОЛЬНЫЕ ГОДЫ ОТ ДОКТОРА СПОКА

Перевод с английского — *Ю. И. Герасимчик*
Оформление обложки — *М. В. Драко*

Подписано в печать с готовых диапозитивов 20.06.2007. Формат 84×108 1/32.
Бумага газетная. Печать высокая с ФПФ. Усл. печ. л. 14,28. Уч.-изд. л. 11,15.
Тираж 5000 экз. Заказ 3658.

Санитарно-эпидемиологическое заключение
№ 77.99.02.953. Д.004084.05.06 от 16.05.2006 г.

ООО «Попурри». Лицензия № 02330/0056769 от 17.02.04.
Республика Беларусь, 220113, г. Минск, ул Восточная, 133–601.

При участии ООО «Харвест». Лицензия № 02330/0056935 от 30.04.04.
Республика Беларусь, 220013, г. Минск, ул. Кульман, д. 1, корп. 3, эт. 4, к. 42.

Открытое акционерное общество
«Полиграфкомбинат им. Я. Коласа».
Республика Беларусь, 220600, г. Минск, ул. Красная, 23.